C

Seid gewiss:
Ich bin bei euch,
alle Tage bis zum
Ende der Welt.
(Mt 28, 20b)

*Meinen Schülern und
Schülerinnen gewidmet*

Irene Kohlberger

HEILIGE IM GESPRÄCH
Missionare und Märtyrer

BONIFATIUS
der Retter des europäischen Christentums
ANSGAR
der edle Fremde
ADALBERT
zerrieben zwischen den Fronten
ODILO
der charismatische Abt von Cluny
HEINRICH II. und KUNIGUNDE
das heilige Kaiserpaar
PAPST GREGOR VII.
Kämpfer für Gerechtigkeit und Papsttum

Bibliografische Information der Deutschen Nationalbibliothek:

Die Deutsche Nationalbibliothek verzeichnet diese Publikation in der Deutschen Nationalbibliografie; detaillierte bibliografische Daten sind im Internet über http://dnb.dnb.de abrufbar.

2. Auflage, Wien © 2019 Dr. Irene Kohlberger

Covergestaltung: Gerda Salomon

Herstellung und Verlag: BoD – Books on Demand, Norderstedt

ISBN: 978-3-7412-9424-2

Inhalt

Einführung 11
  Entwicklung der europäischen christlichen Gesellschaft 13
  Rom im Konflikt mit den germanischen Stämmen 16
  Der Aufstieg der Merowinger 19
  Entwicklung der kirchlichen Strukturen 23

BONIFATIUS 25
  Missionsarbeit bei den Friesen 27
  Unterwegs im Auftrag des Papstes 28
  Missionsarbeit in Friesland und Hessen 30
  Bischof und Gesandter des Hl. Stuhles 31
  Beginn der Reformarbeit 32
  Missionsarbeit in Thüringen 36
  Reformarbeit im Frankenreich 37
  Wieder bei den Friesen und Tod als Märtyrer 42
  Bonifatius, Mensch und Heiliger 44

Reichsentwicklung unter den Karolingern 49
  Reichsteilung nach dem Tod Pippins 51
  Karl als Alleinherrscher 52
  Karl im Konflikt mit Bayernherzog Tassilo 55
  Eroberung der apenninischen Halbinsel 57
  Im Konflikt mit dem byzantinischen Kaiserhof 58
  Beschützer des Papstes und Kaiserkrönung 60
  Beginn der inneren Reform des Reiches 62
  Karl und seine Beziehung zu Frauen 67
  Regelung der Nachfolge 69

ANSGAR 73
  Jugend und Ausbildung 74
  Mittelalterliche Geistesgeschichte 77
  Ansgar, als Lehrer der Externen 80
  Ansgar als Missionar in Dänemark 83
  Missionar in Schweden 85
  Bischof in Hamburg 87
  Missionsarbeit in der Zerreißprobe 93
  Ansgar, der unermüdliche Kämpfer 95
  Letzte Aufgaben und Tod 98

Die Ottonen..100

ADALBERT VON PRAG..103

   Adalberts Berufung..106
   Adalbert als pflichtgetreuer Bischof.............................107
   Adalberts Flucht 110
   Leben in klösterlichem Frieden 111
   Rückkehr nach Prag 113
   Adalbert und Otto III...115
   Adalbert wird als Missionar eingesetzt........................119
   Adalbert findet bei den Prußen den Märtyrertod..........121
   Heiligsprechung von Adalbert....................................126
   Späte Liebe der Böhmen zu ihrem vertriebenen Bischof
  127

ODILO VON CLUNY..131

   Jugenderlebnisse..133
   Im Kampf um seine Berufung......................................135
   Mönch in Cluny 137
   Als junger Abt in der Zerreißprobe mit der Welt...........139
   Der kluge Hirte 141
   Der Großzügige...142
   Odilo verweigert die Bischofswürde 144
   Odilo und Robert von Frankreich 145
   Im Kampf gegen den Hunger......................................146
   Odilos letztes Lebensjahr und Tod 150

HEINRICH II...153

   Schatten über Heinrichs Kindheit................................154
   Herzog Heinrich 158
   Vermählung mit Kunigunde von Luxemburg................163
   Heinrich als Nachfolger Ottos III. 166
   Arbeit an der inneren Reform des Reiches...................170
   Kaiserkrönung in Rom...172
   Praktische Sorge für die Kirche...................................175
   Letzte Tage und Tod 180
   Persönliche Züge 182

PAPST GREGOR VII...185

   Jugendzeit und Wirren in Rom 187

Hildebrand unterwegs im Dienst der Päpste 189
Akklamiert zum Papst wider Willen 193
Beginn der Reformarbeit 193
Das Eigenkirchenwesen in den deutschen Ländern........198
Würdigung und Ausblick 216

Anhang..219

Literaturverzeichnis 223

Abbildungsverzeichnis 225

Einführung

Heilige sind Menschen, die sich Gott bedingungslos anvertrauen und sein Gesetz und seinen heiligen Rat mit all ihrer Kraft zu erfüllen suchen.

Sie wirken als Mitarbeiter Gottes in unserer Welt, mit der er sich durch die Menschwerdung seines Sohnes für immer verbunden hat. Einige werden in den göttlichen Dienst genommen, um Weichen zu stellen, andere um verfahrene Situationen zu retten, zu heilen oder Gott einfach mit ihrer Liebe und Hingabe zu erfreuen. Immer aber werden heilige Menschen mit einem Auftrag in die Welt gesandt – mit einem Auftrag, der sich in ihrer Biographie deutlich abzeichnet. Diese ihre Sendung fasziniert mich. Sie forderte mich heraus, das Leben der Heiligen über die Jahrhunderte zu studieren und in kleinen Lebensbildern ihren Beitrag zur europäischen Geistesgeschichte, zu gestalten. Da Menschen nicht heilig geboren werden, sondern mit ihren persönlichen Schwächen und Stärken, versuchte ich ihnen auch menschlich nahe zu kommen, soweit dies aus den überlieferten Biographien möglich war.

Die katholische Kirche wurde und wird durch menschliche Schwächen immer wieder schwer erschüttert. Doch entsteht durch den beharrlichen Einsatz von Menschen, die ihre ganze Kraft in den Dienst Gottes und den geistlichen Auftrag der Kirche stellen, eine andauernde Gegenströmung. Diese sichert nicht nur das Überleben der Kirche, sondern liefert darüber hinaus den Beweis, dass Gott in seiner Liebe und Barmherzigkeit das Schicksal der irdischen Wirklichkeit in der Hand hat. Diese Erkenntnis befreit von jeglicher Überforderung, die uns lähmen würde das zu tun, was von uns unmittelbar verlangt und gebraucht wird. Möge uns aus der Perspektive der Heiligen klarwerden, was die Botschaft des Hl. Paulus bedeutet:

„*Was kein Auge gesehen und kein Ohr gehört hat, was keinem Menschen in den Sinn gekommen ist: das Große, das Gott denen bereitet hat, die ihn lieben.*" (1. Kor 2,9)

Entwicklung der europäischen christlichen Gesellschaft

Die römische Kaiser Konstantin I. und Kaiser Karl I.[1] standen beide an der Schwelle einer neuen Zeit: Konstantin als Begründer des *Christlichen Imperium Romanum*, dessen Prinzipien und Ordnungen durch Jahrhunderte nachwirken und sich in Byzanz bis ins 15.Jahrhundert erhalten werden - und Karl als Neubegründer dieses Reiches im Abendland.

Am Weihnachtstag des Jahres 800 wurde Karl der Große in Rom vom Papst zum Kaiser gekrönt, womit ein doppelter Prozess zu Ende ging: der Aufstieg der Karolinger zur Herrschaft im Frankenreich und die politische und geistige Trennung Westeuropas vom Byzantinischen Reich.

Territorial umfasste das neue Kaiserreich nur einen Bruchteil des alten römischen Reichsgebietes. Auch war der neue Kaiser in wichtigen Belangen auf das Einverständnis seiner Vasallen angewiesen, während der römische Kaiser allein und absolut herrschen und regieren konnte.

Die kulturellen Zentren verlagerten sich vom Mittelmeer nach Norden, und statt einer reich gegliederten, arbeitsteiligen Gesellschaft mit einheitlichem Wirtschaftssystem und einem Fernhandel, der von England bis Indien reichte, entstand eine selbstgenügsame Welt, in der große adelige Güter, klösterliche Domänen und

---

[1] **Konstantin I.**, der Große zwischen 270 und 288 geboren, gestorben am 22. Mai 337 Er war von 306 bis 337 römischer Kaiser; ab 324 regierte er als Alleinherrscher.

Karl I., der Große wurde wahrscheinlich am 2. April 747 oder 748 geboren. Er starb am 28. Jänner 814 in Aachen. Von 768 bis 814 war er König des Fränkischen Reiches (bis 771 gemeinsam mit seinem Bruder Karlmann). Am 25. Dezember 800 erlangte er als erster westeuropäischer Herrscher die Kaiserwürde, die mit ihm erneuert wurde.

Bauerntum das tägliche Leben beherrschten. Bildung und geistiges Leben lagen in den Händen der Kirche. Die Kontur des Daseins veränderte sich: Das Mittelalter begann.

In den Jahrhunderten zwischen Kaiser Diokletian und dem Aufstieg der Karolinger war die geschichtliche Bedeutung des Mittelmeerraums ungebrochen erhalten geblieben. Trotz lokaler Sonderformen war die Kunst noch einheitlich geprägt, und zwar vom *frühbyzantinischen Stil,* der weder antik noch mittelalterlich war.

Die sprachliche und religiöse Trennung zwischen lateinischem Westen und griechischem Osten konnte diese Einheit bis zum Ende des 7.Jhs. ebenso wenig auflösen, wie die Aufteilung in mehrere Machtbereiche. Allerdings wurde der Osten zunehmend bedeutsamer. Byzanz - Konstantinopel - wurde das unbestrittene Zentrum der Welt und beherrschte das politische und geistige Leben.

Schon im 5.und 6. Jahrhundert – und hier vor allem in Gallien – begannen germanische Stammestraditionen mit der spätrömischen Gesellschaftsordnung zu verschmelzen, woran der christliche Glaube und die spätlateinische Bildung einen wesentlichen Anteil hatten. Gleichzeitig entstanden in dem kulturell noch zusammengehörigen Großraum des Mittelmeeres und des Nahen Ostens neue geistige und wirtschaftliche Zentren. Aus *einer Welt* mit einer Hauptstadt waren in einem Prozess fruchtbarer Differenzierung drei neue Gebilde entstanden: die westlich-europäisch mittelalterlich geprägte Welt, das griechisch-orthodoxe Byzanz und die arabisch-islamische Region, die je ihre eigene Kultur entwickelten.

Ursprünglich wurde das Christentum - gleichsam im Untergrund - durch die persönliche Begegnung der Apostel mit den Menschen ihrer Umgebung verbreitet. Die befreiende Botschaft des Evangeliums, die Botschaft von der überwältigenden Liebe Gottes, die sich in der Person von Jesus Christus kristallisierte, berührte die Menschen und machte sie zu Christen der ersten Stunde.

Die Geschichte der Verfolgung zeigt auf, dass im Römerreich das Christentum von unten nach oben die gesellschaftliche Situation verwandelte. Zuerst waren es einfache Menschen, die sich dem neuen Glauben zuwandten, doch bald ergriff die „Gute Botschaft" (Evangelium) auch höhere und höchste Schichten.

Schon früh wurde den Christen „vorgeworfen", dass sie pünktlich ihre Steuern zahlen, dass sie sich bemühten nicht zu stehlen, nicht die Ehe zu brechen und ein gutes Leben zu führen. Haltungen, die bewundernswert waren, denen in der damaligen Gesellschaft aber eher der Charakter von Schwäche und Seltsamkeit anhaftete.

Schon bald nach dem Toleranzedikt (313), das den Christen erlaubte, ihre Religion auch öffentlich zu bekennen, begann die fatale Verknüpfung von Kirche und Staatsraison. Als Kaiser Konstantin I. die Zeit der Verfolgung offiziell beendete, konnte er sich eine Staatsführung ohne religiösen Überbau nicht vorstellen: Waren es doch die Götter, die über das Wohl der Menschen und des Staates bestimmten. Wenn nun die alten Götter nachweislich keine Macht mehr besaßen - Konstantin hatte im Zeichen des Kreuzes einen wichtigen militärischen Erfolg erzielt - dann musste die neue Religion die alte ablösen. So einfach war das.

Doch blieb das Interesse des Kaisers an der christlichen Religion letztlich sehr fragwürdig. Hatten sich doch Konstantin und alle nachfolgenden Kaiser immer wieder in innerkirchliche Fragen eingemischt, und ihr persönliches Verständnis oder ihre eigenen Interessen mit wichtigen theologischen Fragen vermengt.

So geschah es, dass einmal der Arianismus[2] vom Kaiser unterstützt wurde und dann wieder die orthodoxe (katholische) Lehre.

Jedenfalls wurde im römischen Reich ab dem 4.Jh. der überlieferte Polytheismus durch das Christentum nach und nach abgelöst. Doch geschah dies erst nach langem Ringen um eine verbindliche Lehre, die wir dem Einsatz des römischen Bischofs und der großen Theologen dieser Epoche verdanken, und die im großen Glaubensbekenntnis[3] zusammengefasst ist, das bis heute gilt.

Rom im Konflikt mit den germanischen Stämmen

Das römische Reich grenzte im Norden Europas an Gebiete, die von germanischen Stämmen bewohnt waren. Obwohl die Römer die Donau als Reichsgrenze festlegten und sich durch den Limes, einem militärischen Befestigungsgürtel, nach Norden absicherten, ergaben sich schon früh Handelsbeziehungen zwischen den Bewohnern des Nordens und des römischen Reiches. Der Reichtum und die Luxusgüter dieser zivilisierten Welt weckten die Begehrlichkeit ihrer nördlichen Nachbarn, und motivierte sie immer wieder in das römische Territorium einzubrechen. Lange gelang es den kampferprobten römischen Legionen, diese Attacken erfolgreich abzu-

---

[2] Der **Arianismus** geht davon aus, dass der Logos (Sohn Gottes) schon vor aller Zeit und vor der Erschaffung der Welt existierte, aber als ein Wesen zwischen Gott und der Welt, als perfektes Abbild des Vaters. Nur in einem metaphorischen Sinn kann er als Gott bezeichnet werden. Aber er ist eine Kreatur, wenn auch die erste Kreatur Gottes. Er ist geschaffen, nicht aus dem gleichen Wesen wie der Vater, sondern aus dem Nichts, durch den Willen des Vaters, vor aller vorstellbaren Zeit, aber dennoch in der Zeit. Er ist daher nicht ewig, und »es gab eine Zeit, als es ihn nicht gab«. Ebenso sind seine Macht, seine Weisheit und sein Wissen begrenzt.

[3] Die vollständigen Texte des **Glaubensbekenntnisses** finden sich im Anhang.

wehren. Doch begannen in den letzten Jahren des 4.Jahrhunderts ihre Angriffe bedrohlich zu werden. An der Rheingrenze standen die Stammesgruppen der Franken; hinter ihnen an der Weser die Sachsen, in Schleswig-Holstein die Angeln, im Elbgebiet die Sueben. Die gefährlichste strategische Position im Decumatland[4] war von den Alamannen besetzt. An der Grenze der Provinz Noricum in Richtung ungarische Tiefebene standen die Burgunder, Vandalen und die Alanen. Die Westgoten waren über die untere Donau bereits in die nordgriechische Reichsprovinz eingedrungen; hinter ihnen die Ostgoten und die Heruler.

Aus zeitlicher und historischer Perspektive fühlt sich das Eindringen der Germanenstämme als einmalige und umfassende Katastrophe an, die in der Realität aber aus einer Reihe von Scharmützeln bestand, die vom vorzüglich geführten römischen Heer immer wieder erfolgreich geschlagen wurden. Doch hatte das römische Militär eine Grenze zu verteidigen, die von Schottland über den Rhein und die Donau, den Kaukasus, die Syrische Wüste und die Nilkatarakte bis zur Sahara und zum Atlas reichte.

In der Silvesternacht des Jahres 406 überschritten die Vandalen die von römischen Truppen entblößte Rheingrenze. Nach ihrem Sieg über die fränkischen foederati hörte jede Gegenwehr auf. Die vandalischen Stammesgruppen zogen plündernd durch Gallien: *uno fumati*

---

[4] Gegen Ende des 1. Jahrhunderts n. Chr. hatten die Römer unter Kaiser Vespasian um 72 n. Chr. das Gebiet jenseits von Rhein und Donau, das sie bereits vorher indirekt kontrolliert hatten, mit Truppen besetzt. Das **Decumatland** nahm zumindest den Südwesten des heutigen Bundeslandes Baden-Württemberg ein und gehörte seit Domitian zur neu eingerichteten Provinz Germania superior.

*Gallia tota rogo (*ganz Gallien rauchte wie ein riesiger Scheiterhaufen).

Als foederatus galt im Römischen Reich prinzipiell jeder Volksstamm, der keine römische Kolonie war und dem auch kein römisches oder latinisches Bürgerrecht (civitas) bewilligt worden war. Nominell vollzog sich die Ansiedelung der germanischen Stämme immer wieder nach dem Foederaten-Gesetz, was auch bei der Landnahme der Vandalen in Nordafrika der Fall war, aber nur als Zwischenlösung. Bald nach der Eroberung von Karthago (439) durch Geiserich musste die Unabhängigkeit der Vandalen anerkannt werden, womit der erste souveräne Staat auf dem Boden des römischen Reichs entstanden war, der zugleich eine Schlüsselposition im Mittelmeer einnahm.

Auch beim Einbruch der Westgoten in Italien spielte ein fähiger König die entscheidende Rolle, Alarich. Seit 395 stand er mit seinen Stämmen im Epirus und in Griechenland. Fasziniert von der römischen Welt, mag er ursprünglich die Laufbahn eines einflussreichen *magister militium* im Auge gehabt haben.

Nach dem Tod des weströmischen Regenten Stilicho, der das Eindringen der Westgoten 401 noch verhindern konnte, zog Alarich 410 nach der Stadt Rom, die er im selben Jahr eroberte. Die Stadt wurde nicht übermäßig geplündert, doch der Widerhall des Ereignisses war unter den Zeitgenossen ungeheuer. Noch heute kann man nachlesen, wie betroffen und verzweifelt Hieronymus auf dieses Ereignis reagierte: Die *Urbs Aeterna* war in die Hände der Germanen gefallen!

Nach planlosen Märschen durch Italien und Versorgungsschwierigkeiten starb Alarich noch im selben Jahr. Als neuer König folgte ihm sein Schwager Athaulf nach. Von ihm wird berichtet, dass er die Romania in eine Gothia mit sich selbst als gotischem Kaiser verwandeln wollte. Doch wären die Goten zu undiszipliniert, um die Römer zu ersetzen. Darum wollte er sein Volk in den Dienst des Reiches stellen und selbst ein *Romanae restitutionis auctor*, ein Erneuerer der römischen Welt werden. Auch sein Nachfolger Wallia kämpfte als Verbündeter Roms in Spanien und erhielt dafür einen Vertrag, der den Westgoten die Ansiedlung zwischen Loire und Garonne gestattete.

Die Burgunder, die sich im 3. Jh. bis zum mittleren Rhein vorgekämpft hatten, erhielten 413 einen Ansiedlungsvertrag für die Gegend von Worms beiderseits des Rheines, um die Grenze gegen die feindseligen Alamannen zu schützen.

Da die Franken ab dem 3.Jh. die Rheingrenze bedrohten, versuchte man durch Verträge die Lage zu stabilisieren; was schließlich auch gelang. Die Neuordnung der Verhältnisse in Gallien ermöglichte eine langsame und friedliche Assimilierung der germanischen Bevölkerung an die römischen Sitten und Institutionen. Dazu kam, dass die lateinische Sprache für die innerstaatliche Kommunikation immer mehr an Bedeutung gewann, wodurch Frankreich ein romanisch geprägtes Land geblieben ist.

Der Aufstieg der Merowinger

Zu Beginn des 5. Jahrhunderts dehnte sich das fränkische Siedlungsgebiet am Rhein immer weiter aus. Unter dem Herrscher Childerich (464-481) und seinem außergewöhnlich begabten Sohnes Chlodwig (466-511) wurden die Franken in wenigen Jahrzehnten nicht nur Herren über Gallien, sondern zum führenden germanischen Königreich.

Beim Tod seines Vaters war Chlodwig erst 16 Jahre alt. In einer raschen Folge von diplomatischen Schachzügen und militärischen Operationen manövrierte er die anderen fränkischen Stammesfürsten aus und vergrößerte sein bis dahin nur bis zur Somme reichendes Herrschaftsgebiet zum fränkischen Kernstaat. Im Jahre 486 stürzte er Syagrius von Soissons[5], nahm dessen Herrschaftsgebiet in Besitz und besiegte die Westgoten bei Tours. 507 wurde im Bündnis mit den Burgundern der größte Teil des westgotischen Südfrankreichs erobert und die territoriale Grundlage für einen fränkischen Staat geschaffen.

In nüchterner Einschätzung des Religionsproblems, das die anderen germanischen Reiche[6] schwächte, legte Chlodwig mit der Zugehörigkeit zur Katholischen Kirche von Anfang an den Grundstein für die innere Einheit seines Reiches und den Zusammenhalt seiner Untertanen. Daher ließ er sich am Silvestertag des Jahres 496, gemeinsam mit etwa 3000 seiner Soldaten von Bischof Remigius in Reims taufen

Die Gründung des katholischen Frankenreiches auf dem Boden Galliens hat - wie kein anderes Ereignis - die Zukunft der westeuropäischen Völker mitbestimmt.

Gallien war schon seit Augustus Römische Provinz und damit in alle kulturellen und geistigen Entwicklungen des Imperiums maßgeblich eingebunden. Das heißt mit anderen Worten, dass in Gallien das Christentum bereits die vorherrschende Religion war, und zwar das orthodoxe (= katholische) Bekenntnis. Durch Belehnungen und Schenkungen wurde die Kirche im fränkischen Reich ein wachsender Faktor geistiger und wirtschaftlicher Macht. Die enge Bindung des Klerus an das Herrscherhaus bestimmte die Kirche von vornehrein zur Reichskirche, die den König berechtigte, Bischöfe

---

[5] **Syagrius von Soisson** war der letzte „römische Herrscher" in Gallien

[6] Die Mehrheit der germanischen Stämme hielt am **Arianismus** fest (siehe Fußnote 2).

einzusetzen und Synoden einzuberufen. Und ein Synodalbeschluss unter Chlodwig setzte fest, dass die fränkische Kirche der Lehre und dem Recht der römisch-katholischen Kirche folgen sollte.

Zusammen mit dem gallorömischen Adel war die Kirche auch ein entscheidender Faktor der Romanisierung. Latein war die Sprache der Verwaltung, aber auch des Gottesdienstes und der Gelehrsamkeit. Daher entstanden im 6. Jh. an den Bischofssitzen und vereinzelt auch in den ländlichen Pfarreien, kirchliche Schulen, wo zukünftige Kleriker ausgebildet wurden. Auch setzte damals ein Prozess ein, der das klassische Latein zur Volkssprache machte.

Die Geschichte der Nachfolger Chlodwigs war durch Bruderkrieg und Grausamkeit bestimmt. Dennoch blieb das Königshaus außenpolitisch erfolgreich. 532 wurde Burgund erobert - eine wirtschaftlich und kulturell, aber auch strategisch wichtige Erwerbung. Im selben Jahr wurde im Süden das westgotische Reich annektiert.

Theudebert erzwang von den Ostgoten (537) die Abtretung der Provence, wodurch für die Wirtschaft des Merowinger-Reiches der wichtige Anschluss ans Mittelmeer gewonnen war. Im 6. und 7.Jh. wurden zahlreiche Feldzüge gegen Thüringer, Sachsen und Bayern unternommen. Ein bleibendes Ergebnis dieser militärischen Operationen bestand in der Eroberung des thüringischen Gebietes durch Theuderich II. Damit hatte das Merowinger-Reich im Wesentlichen die Grenzen erreicht, die es bis zum Anfang des 8.Jh. beibehalten sollte.

Abb. 1: Ausdehnung des Fränkischen Reichs

Chlodwig übernahm mit der ehemaligen Provinz Gallien auch die römischen Verwaltungseinrichtungen. Dazu gehörten Münzrecht und Steuereinhebung und vor allem militärische Einrichtungen, wie Waffenerzeugung und Garnisonen. Von der römischen Praxis der Provinzverwaltung übernahmen die merowingischen Könige das Amt des Schatzmeisters, des Kämmerers und des Majordomus, der das Haus verwaltete und für minderjährige Könige die Geschäfte führte. Das Amt des Hausmeiers ist sowohl bei den Merowingern als auch bei Burgundern und Goten belegt.

Da es im Merowingerreich immer wieder zu Herrschaftsteilungen kam, wurde das Amt des Hausmeiers aufgewertet, der nun für die Verwaltung des gesamten Königsgutes zuständig war und zum wichtigsten Vertrauten des Herrschers aufstieg. Schließlich wurden die

Hausmeier ab dem späten 6. Jh. faktische Leiter der Regierungsgeschäfte im Frankenreich, indem sie auch Beamte ernannten und Urkunden im Namen des Königs ausstellten. Das Amt wurde von Adligen bekleidet, die gleichzeitig ihre Position nutzten, um die Macht des Königs so weit wie möglich zu beschneiden. Während in Neustrien die Hausmeier noch eine gewisse Königsnähe anstrebten, war das Hausmeieramt in Austrasien unter den Arnulfingern - Pippiniden ein Instrument des Adels geworden. Es wurde innerhalb dieser Familie, die seit 687 die Geschicke des gesamten Frankenreichs lenkte, sogar erblich.

Die Merowinger Könige nach Dagobert I. regierten wohl nur noch als Schattenherrscher. Doch erst Mitte des 8. Jahrhunderts wagte man den entscheidenden Schritt: 751 wurde Pippin der Jüngere (714–768) mit päpstlicher Unterstützung von den fränkischen Adligen zum König der Franken akklamiert und der letzte Merowinger abgesetzt. Man nahm ihm symbolisch das Königsheil[7] - indem seine Haare geschoren wurden - und steckte ihn in ein Kloster.

Entwicklung der kirchlichen Strukturen

Verschiebungen infolge der Völkerwanderung und der islamischen Expansion veränderten nicht nur die äußere Gestalt der damaligen Welt, sondern hatten auch einen sozialen und geistigen Wandel im Innern zur Folge. Nur die Strukturen der Kirche hatten die veränderte Situation nahezu unbeschadet überstanden. Die spätantike Verwaltungseinheit der *civitas*, bestehend aus einer

---

[7] **Königsheil**: Im Königsheil verbanden sich menschlichen Eigenschaften wie Ehrgeiz, Schlauheit, Charisma, körperliche Stärke und Anderes, mit übermenschlichen Fähigkeiten. Dazu gehörten neben dem Anspruch, in der Schlacht unverwundbar und somit „heil" zu bleiben, die Fähigkeit, den Äckern Fruchtbarkeit zu spenden und eine übernatürliche Heilkraft.

Stadt und deren umliegenden Ländereien, wurde kirchlicherseits schon früh als Bistum eingerichtet, und die Bistümer in Metropolitanverbände zusammengefasst. Den Bischöfen unterstand die Verwaltung der Kirchengüter, die Beaufsichtigung der kirchlichen Institutionen und die Armenfürsorge. In den Wirren der Völkerwanderung übernahmen sie nicht selten auch die Verwaltungsaufgaben der weltlichen *civitas*. Da die Bischöfe überwiegend der senatorischen Oberschicht angehörten, entwickelte sich ihre Herrschaft als tragende Säule der inneren Verwaltung. Später besetzte der König die Bischofssitze mit Leuten seines Vertrauens, und bald interessierte sich auch die fränkische Aristokratie für die kirchliche Karriere. Kirchliche Synoden wurden vom König einberufen und dienten nicht selten als Plattform für die Anliegen des Reiches. Der römische Papst wurde zwar als Petrusnachfolger geehrt, aber ohne praktische Konsequenz. Das änderte sich unter Karl Martell (688/691–741), dem Hausmeier der Merowinger, der eine kluge Kirchenpolitik verfolgte. Einerseits unterstützte er die Bemühungen um die innere Reform der Kirche, andererseits gebrauchte er den weltlichen Arm der Bischöfe für seine Eroberungspläne, wie z. B. der Befriedung der Friesen. Unter Karl Martell begann auch ein Benediktinermönch aus dem angelsächsischen Inselreich seine Missionstätigkeit in Teilen Europas, wo das Christentum noch unbekannt war.

Bonifatius
(672/675–754)

Weniger als hundert Jahre, nachdem Papst Gregor der Große den Benediktinermönch Augustinus mit vierzig Gefährten ausgeschickt hatte, um aus den Angeln (Angelsachsen) Engel zu machen, wurde im Königreich Wessex der Knabe Wynfreth geboren. Weder Ort noch genaue Zeit der Geburt sind überliefert – doch kann man diese in der Zeit zwischen 672 und 675 annehmen. Als sicher ist überliefert, dass Wynfreth im Alter von etwa sieben Jahren dem Kloster Exeter zur Erziehung übergeben wurde. Wann Wynfreth Exeter verließ und in das bedeutendere Kloster Nursling übertrat, ist ungewiss. Dort erhielt er eine Ausbildung, die neben der Theologie auch den Bildungskanon der damaligen Zeit umfasste, ergänzt durch literarische Studien. Aufgeweckt und begabt studierte er unter den Augen des Abtes, der ihn am Ende seiner Studien als Lehrer im Kloster behielt. Damit war seine Laufbahn bestimmt. Als Benediktinermönch war er der *stabilitas loci* verpflichtet, die ein lebenslanges Verbleiben im Kloster vorsieht, d.h. dass ihn ein arbeitsintensives, aber wenig abenteuerliches Leben erwartete.

Im Gegensatz dazu waren iroschottische Mönche schon früher als Missionare ausgezogen, um die christliche Botschaft auf das Festland zu tragen.

Im angelsächsischen Mönchtum, das vor allem benediktinisch geprägt war, lagen die Dinge anders. Für sie war das Verlassen des Mutterklosters ein Opfer, das sie bringen wollten, um den stammverwandten Germanen auf dem Kontinent das Evangelium zu bringen.

Wynfreth war bereits über 40 Jahre alt, als er sich trotz seines hohen Ansehens und seiner glänzenden Zukunftsaussichten entschloss, das Kloster Nursling zu verlassen und in Friesland zu predigen.

Missionsarbeit bei den Friesen

Abb. 2: Das Siedlungsgebiet der Friesen

An sich stand das friesische Volk unter der staatlichen Oberhoheit des Frankenreiches, das den angelsächsischen Mönchen ermöglichte das Bistum Utrecht und das Kloster Echternach zu gründen. Wynfreth kam also nicht in unbestelltes Gebiet, aber er kam in einem ganz schlechten Augenblick.

Pippin II. war kurz davor gestorben, und sein Sohn Karl Martell hatte große Schwierigkeiten, das Erbe zu sichern. Herzog Radbod[8] gelang es, große Landesteile zu-

---

[8] Herzog **Radbod** (679-719) war König der Friesen, der sich vehement für die Selbständigkeit seines Volkes einsetzte.

rückzuerobern und das angelsächsische Missionswerk, das als Zeichen der fränkischen Herrschaft betrachtet wurde, zu zerstören.

Vom Mut des fremden Mönches beeindruckt, erlaubte ihm Herzog Radbod den Aufenthalt in seinem Land und gestattete ihm auch zu predigen. Fast ein halbes Jahr durchzog Wynfreth das Land, aber ohne jeden Erfolg: Das Christentum wurde als fränkisch empfunden, und die Franken hatte man gerade aus dem Land gejagt. Wahrscheinlich sah er bald ein, dass für eine erfolgreiche Arbeit die politische und religiöse Ordnung im Missionsgebiet einander nicht widersprechen durften.

Daraufhin kehrte Wynfreth in sein Heimatkloster zurück. Doch dachte er nicht daran im Kloster zu bleiben, sondern wollte bei nächster Gelegenheit wieder aufbrechen, um seine missionarische Tätigkeit fortzusetzen.

Unterwegs im Auftrag des Papstes

Wollte er in den verschiedenen Landesteilen des damaligen Europa erfolgreich wirken – so überlegte Wynfreth – dann könne er dies nur tun, wenn er einerseits im Schutz der politischen Macht unterwegs war und andererseits einen starken geistigen Rückhalt hatte, den nur eine päpstliche Vollmacht geben konnte.

Daher reiste er, ausgerüstet mit Empfehlungsschreiben seines Bischofs Daniel von Winchester, nach Rom, zum Nachfolger des Hl. Petrus.

Das Papsttum des 8. Jahrhunderts war noch weit entfernt von der universalen Bedeutung, die es heute auszeichnet. Noch verstand sich der Bischof von Rom als Metropolit für Italien und als Vertreter des Kaisers von Konstantinopel, in dessen Herrschaftsbereich zumindest die Idee des alten *Imperium Romanum* fortlebte. Erst nach und nach – auch dies ist eine Entwicklung des Mittelalters – erhielt das Papsttum die hervorragende

Stellung, die es bis heute innehat. Trotzdem besaß der Bischof „Beim Hl. Petrus", wie man ihn nannte, hohe Autorität, und Wynfreths Absicht war es ja, diese Autorität für seine Missionspläne zu nützen.

Zweifellos galt der Missionsarbeit bei den Germanen kein besonderes Interesse des Papstes, sonst hätte es nicht nahezu ein Jahr gedauert, bis Wynfreth das entsprechende Papier in Händen hielt, das ihn befähigte, *„gentes quaecumque infedelitates errore detentae, ad quas properare Deo comitante potueris"*[9]. Schon durch diese allgemeine Formulierung wird deutlich, dass man mit der Mission der Germanen kaum konkrete Vorstellungen verband. Doch hatte die lange Wartezeit auch ihr Gutes, weil Wynfreth wichtige Kontakte knüpfen konnte, die ihm später seine Arbeit erleichterten.

Es war der Tag nach dem Gedenktag des Hl. Bonifatius, eines römischen Märtyrers, als ihm das Sendschreiben überreicht wurde. Daher erhielt Wynfreth als Zeichen der Verbundenheit mit Rom vom Papst den Namen: Bonifatius.

Von Rom reiste er zunächst nach Thüringen. In diesem Gebiet, im äußersten Nordosten des fränkischen Einflussbereiches, fand Bonifatius eine ziemlich verwahrloste Situation vor. Nur wenige Priester gab es, die den kirchlichen Vorschriften entsprachen, die anderen hatten, „beschmutzt und verunreinigt durch Hurerei, die keusche Enthaltsamkeit eingebüßt, die sie als Diener der heiligen Altäre bewahren sollten".

Zwar konnte Bonifatius einige Thüringer Adelige und Priester von der Notwendigkeit einer Reform überzeu-

---

[9] „Die im Irrtum des Unglaubens befangenen Völker zu befreien!"

gen, doch fehlte ihm die bischöfliche Würde, die es ihm erlaubt hätte, tatsächlich ordnend einzugreifen.

Missionsarbeit in Friesland und Hessen

Daraufhin beschloss er im inneren Frankenreich weiter zu machen. Auf dem Weg dahin erfuhr er vom Tod des Herzog Radbod, der indirekt für das Scheitern seiner ersten Missionsreise verantwortlich war. Daher brach er nach Utrecht zu Bischof Willibrod auf, wo er zwei Jahre seiner „Lehrzeit" verbrachte. Durch die geänderten politischen Verhältnisse waren die Friesen dem Christentum gegenüber empfänglicher geworden, und man konnte sich über positive Nachrichten freuen, die in Bonifatius' Briefen die Heimat erreichten.

Zwei Jahre blieb Bonifatius bei Willibrod, der ihn schon als seinen Nachfolger sah. Doch Bonifatius hatte anderes im Sinn. Ihn zog es weiter nach Osten, in das Gebiet zwischen Main und Lahn, dem heutigen Hessen.

Die Reise führte ihn und seine Begleiter über Mainz in das Lahngebiet, wo die Gruppe beim fränkischen Stützpunkt Amöneburg, östlich von Marburg, um Aufnahme bat. Zwar war das Christentum hier bekannt, doch gab es nur wenige Gläubige. Diese lebten verstreut und hatten nur beschränkte Kenntnisse von ihrer Religion. Im Grunde war Hessen vom Heidentum geprägt. Die Verwalter der Festung Amöneburg gehörten zu den wenigen Christen im Lande, doch auch sie hatten wenig Ahnung von der Botschaft des Evangeliums. Als sie durch die Unterweisung von Bonifatius erkannten, dass sich Götzendienst mit den Idealen der christlichen Religion nicht vereinen ließ, unterstützten sie ihn bei der Errichtung eines Mönchsklosters in Amöneburg, wo einige seiner Begleiter einzogen und blieben.

Ihre Arbeit war zweifellos erfolgreich, weil große Teile des Volkes den Predigten zuhörten und viele tausend

Menschen sich taufen ließen. Dabei handelte es sich um Massentaufen; erst später folgte die Unterweisung in den christlichen Glaubenswahrheiten. Diese Vorgehensweise widersprach ganz entschieden der alten Praxis, die Katechumenen erst nach langer Schulung zur Taufe zuzulassen. Doch legte die soziale Struktur der Germanenstämme, wo die einzelnen Mitglieder in einer streng hierarchischen Ordnung lebten, die Mission von oben nahe. Über die gemeinsame Taufe der Angehörigen eines Fürstenhauses, die sich für das Christentum entschieden hatten, können wir uns heute nur wundern, weil es kaum wahrscheinlich ist, dass sich alle Familienmitglieder gleichzeitig bekehrten und noch weniger die Angehörigen des Hofes. Auch weist schon Bonifatius darauf hin, dass diese Art der Mission abgesichert werden müsse; ein Unterfangen, das nicht nur Zeit und Geduld einforderte, sondern auch ernste und fähige Boten des Glaubens, die über kirchliche Unterstützung verfügten. Die eigentliche Missionsarbeit musste nachträglich einsetzen, wollte man dem Christentum tatsächlich zum Durchbruch verhelfen.

Daher schickte Bonifatius einen schriftlichen Bericht nach Rom, um über die Schwierigkeiten der Missionsarbeit bei den germanischen Stämmen zu informieren. Anstelle einer brieflichen Antwort überbrachte ihm ein Bote die Einladung von Papst Gregor II. zur persönlichen Berichterstattung.

Bischof und Gesandter des Hl. Stuhles

Also brach Bonifatius noch im Herbst 722 mit einer Pilgergruppe nach Rom auf, um dem Papst über Missstände und Möglichkeiten einer geordneten Missionierung zu berichten. Daraufhin wurde er von Gregor II. zum Bischof geweiht. Bonifatius versprach dem Papst und seinen Nachfolgern Glaubenstreue, Gehorsam und, dass er keine Gemeinschaft haben werde mit Bischöfen, die

„gegen die hergebrachten Satzungen der Väter verstießen." Sein Amt war an keinen festen Bischofssitz gebunden, sondern umfasste das gesamte Missionsland „Germanien." Auch war er keinem Erzbischof unterstellt, sondern nur dem Papst verantwortlich.

Daraus lässt sich unschwer ablesen, dass schon 722 klar war, dass jede Menge Widerstand gegen das geplante Reformwerk der Kirche erwartet wurde. Vor allem von den adeligen fränkischen Bischöfen, die in ihrer Amtsführung kaum den Vorstellungen Roms und denen des neuen Bischofs entsprachen. Geleitbriefe an alle weltlichen und geistlichen Würdenträger im Frankenreich sollten Bonifatius in seinem Reformwerk von päpstlicher Seite her unterstützen. Eine gesonderte Botschaft an Karl Martell empfahl Bonifatius dem „glorreichen Wohlwollen" des fränkischen Hausmeiers. Nach Friesland sollte jetzt auch das Gebiet Hessen-Thüringen in enger Zusammenarbeit mit der weltlichen Obrigkeit missioniert werden.

Beginn der Reformarbeit

Den Winter 722/23 verbrachte Bonifatius in Rom und kehrte im darauffolgenden Frühjahr ins Frankenreich zurück, wo er sich sofort an den Hof von Karl Martell begab. Obwohl sich mehrere kirchliche Würdenträger gegen seine Pläne aussprachen, war der Hausmeier mit dem Konzept grundsätzlich einverstanden: Die Eingliederung der eroberten Gebiete sollte mit der Glaubenspredigt Hand in Hand gehen, um deren Beziehung zum fränkischen Reich zu fördern. Als Gegenleistung für ihre zukünftige Arbeit, wies Karl Martell seine Vasallen und Beamten an, den Missionaren jede Art von Beistand zu gewähren. Unterstützt durch die weltlichen Behörden, waren Bonifatius und seine Gefährten nun einigermaßen abgesichert und konnten ihre Missionsarbeit beginnen, ohne Gewalttaten fürchten zu müssen.

Bonifatius förderte vor allem die Bedingungen für die Missionsarbeit, die oft mühselig und nicht ohne lästige Kleinarbeit zu bewerkstelligen war. Daher wundert es nicht, dass sein Biograph Willibald den spektakulären Ereignissen im Leben des Bischofs überdurchschnittlich großen Raum widmete.

Einem Brief des Bischofs Daniel von Winchester entnehmen wir dazu einige Ratschläge, die sich auf die damalige Situation der Mission bezogen:

> So sollte man dem heidnischen Götterglauben und den sich daraus ergebenden Gewohnheiten nicht allzu radikal widersprechen. Am meisten werde Eindruck machen, wenn die Götzendiener erkennen, wie machtlos ihre alten Gottheiten gegenüber dem Gott der Christen seien. Auch sollte man darauf hinweisen: Wenn die Götter allmächtig, gütig und gerecht sind, so belohnen sie nicht nur ihre Verehrer, sondern bestrafen auch ihre Verächter. Und wenn sie das tun, warum verschonen sie dann die Christen, die doch den ganzen Erdkreis von ihrer Verehrung abbringen und die Götterbilder zerstören? [10]

Auf dem Gudenzberg bei Geismar stand als Wahrzeichen und Verkörperung des alten Götterglaubens eine mächtige Donareiche. Diese wollte Bonifatius fällen, um die Ohnmacht des Heidentums zu beweisen:

---

[10] J.J Laur, Der hl.Bonifatius, Freiburg im Breisgau, 1922

Abb. 3: Bonifatius fällt die Donar-Eiche

Als er sich kühnen Mutes anschickte, den Baum zu fällen, verwünschte ihn eine große Menge der herbeigeeilten Heiden in ihrem Innern heftig als einen Feind der Götter. Kaum aber hatte er den Stamm nur ein wenig angehauen, da wurde die gewaltige Masse der Eiche durch höheres göttliches Wirken in Bewegung gebracht und stürzte, nachdem der Wipfel der Äste gebrochen war, zur Erde nieder. Wie durch die Kraft eines höheren Willens barst sie sofort in vier Teile, und ohne dass die umstehenden Brüder etwas dazugetan hätten, stellten sich dem Auge vier ungeheure Spaltstücke von gleicher Länge dar. Als das die vorher fluchenden Heiden sahen, wurden sie wie umgewandelt, verurteilten selbst ihre früheren Lästerreden und priesen den Herrn. Da erbaute der heilige Bischof, nach Beratung mit den Brüdern, aus dem Holze ein Bethaus und weihte es zu Ehren des Hl. Petrus. (Willibald, Vita Bonifatii)[11]

Es war die Peterskirche von Fritzlar, die aus dem Holz der Donareiche errichtet wurde, in dessen Nähe auch bald ein Kloster entstand. Legendenhaft wurde auch noch von weiteren Zerstörungen heidnischer Kultstätten berichtet. Doch bildete die erfolgreiche Missionstätigkeit des Bischofs den eigentlichen Kern dieser Geschichten.

Im Jahre 724 war das Feld bestellt, und Bonifatius überließ es seinen Schülern, das Erreichte zu bewahren und zu pflegen. In der Folge galt es Unsicherheiten im aufkeimenden Glaubensleben zu beseitigen, das christliche Denken auch im Alltag durchzusetzen und nicht zuletzt die kirchliche Arbeit auf eine geordnete organisatorische Basis zu stellen: Eine immer wiederkehrende Aufgabe des Bischofs. Kaum war das kirchliche Leben in Hessen einigermaßen gesichert, verlangte der Bischof von Mainz diese Gebiete für seinen Sprengel. Doch wies Papst Gregor, von Bonifatius darüber informiert, dieses Ansinnen kategorisch zurück. Gleichzeitig übersandte er ein Empfehlungsschreiben an Bonifatius für sein neues Vorhaben in Thüringen und lobte ihn für seinen erfolgreichen Einsatz in Hessen. Damit wird klar, wie klug es von Bonifatius war, sich Rückendeckung in Rom zu holen, die

---

[11]Konrad Kirch, Bonifatius In: Helden des Christentums II. Aus dem Mittelalter; Leuchten in dunkler Zeit, Paderborn 1933

ihn vor Streitereien und Auseinandersetzungen mit der kirchlichen Hierarchie bewahrte, die kaum aus seelsorgerischen Interessen geführt wurden, sondern aus sehr durchsichtigen weltlichen Motiven.

Missionsarbeit in Thüringen

In Thüringen fand er ein bodenständiges Christentum vor, das sich aber als verwahrlost herausstellte. Daneben gab es naturgemäß viel Heidentum. Wieder begann Bonifatius mit der Predigt bei der Oberschicht des Volkes. Die Priester, welche die kirchlichen Vorschriften missachteten, verwarnte er, und die hartnäckigen wurden mit der Autorität des Bischofs ihres Amtes enthoben. Wie in Hessen sollte auch in Thüringen ein Kloster als Zentrum die Missionsarbeit fördern. Bonifatius gründete das Kloster Ohrdruf, eine Benediktiner Niederlassung, die bald besiedelt war und wertvolle Arbeit leistete. Darüber hinaus wurde dieses Kloster für Bonifatius ein Ort der Erholung, den er im Laufe seines anstrengenden Lebens immer wieder aufsuchte.

Als Bonifatius dem neuen Papst Gregor III. schriftlich seine Ergebenheit versicherte und über den Stand seines Missionswerkes berichtete, empfing er von diesem das erzbischöfliche Pallium[12] mit dem Auftrag, kraft der Vollmacht des Apostolischen Stuhles an geeigneten Orten Bischöfe einzusetzen und so allmählich geordnete kirchliche Verhältnisse herbeizuführen.

---

[12] Das **Pallium** ist ein Amtsabzeichen des Papstes. Es ist heute ein ringförmiges, etwa 5 bis 15 cm breites Band, eine Art Stola, und wird über dem Messgewand getragen. Üblicherweise sind in einem Pallium sechs schwarze Seidenkreuze eingestickt. Das Pallium gilt als Zeichen der Teilhabe des Metropoliten (Erzbischof) an der Hirtengewalt des Papstes.

Reformarbeit im Frankenreich

Während die Gebiete rechts vom Rhein (mit Ausnahme Bayerns) noch als eigentliches Missionsgebiet gelten konnten, galt das linksrheinische Frankenreich schon seit der Bekehrung Chlodwigs als christlich.

Aber die jahrhundertlangen Kriege, welche die Merowinger erst gegen die Nachbarstaaten und später gegeneinander führten, hatten der fränkischen Kirche tiefe Wunden geschlagen. Dass klösterliche und bischöfliche Güter weltlichen und privaten Zwecken zugeführt wurden, war zweifellos nicht das schlimmste Übel. Viel verderblicher war, dass die Kirchenfürsten über den Kriegszügen, an denen sie teilnehmen mussten, ihre priesterliche Rolle vergaßen. Andererseits wurden Laien, wie z.B. Kriegsleute, zu Bischöfen und Äbten ernannt. Geistliche Ämter wurden nicht selten gekauft und verkauft. Dass seit Jahrzehnten keine Synode einberufen wurde, fügte sich nahtlos in dieses Bild. Mit den unwürdigen Bischöfen sank der Klerus, und es wurde bittere Klage geführt über Unwissenheit, Rohheit und ausschweifendes Verhalten vieler Geistlicher. Selbst die Klöster verwilderten, weil ihnen der König Äbte vorsetzte, die oft nicht schreiben und lesen konnten, sich aber umso besser auf das Jagd - und Kriegshandwerk verstanden und mit ihren Gästen schmausten, während die Mönche hungerten.

Das vernachlässigte Volk versank wieder in Aberglauben und huldigte den alten heidnischen Bräuchen, während die Kirchen immer mehr verödeten. Zwar gab es immer wieder Mahner und ausgezeichnete Bischöfe unter dem fränkischen Klerus, doch fehlte dem Ganzen eine Struktur. Der Aufbau einer klaren kirchlichen Ordnung und die Abhaltung regelmäßiger Synoden, wurde immer notwendiger. Auch diese Aufgabe wurde Bonifatius von Papst Gregor III. übertragen. Doch erhob sich bald massiver Widerstand gegen seine Absicht, eine kirchliche Neuordnung zu schaffen, die vor allem vom Klerus ausging. Dazu kam, dass Karl Martell im Süden seines Reiches mit dem Abwehrkampf gegen das Eindringen der Araber intensiv beschäftigt war und er die adelige Gefolgschaft, die ihm die militärischen Erfolge ermöglichte, durch ein offenes Eintreten für die neue Kirchenreform nicht brüskieren konnte und auch nicht wollte. Standen doch auch viele ehemalige kirchliche Pfründe auf dem Spiel, die sich die Adeligen inzwischen angeeignet hatten.

Da die Errichtung von Bistümern ohne materielle Grundlage und ohne Hilfe der staatlichen Behörden nicht denkbar war, musste Bonifatius die Reformpläne zunächst aufgeben. In der Zwischenzeit gründete er neue Klöster und stattete bestehende Abteien mit finanziellen Mitteln aus, um sie für ihre geistlichen Aufgaben besser zu rüsten. Da Bonifatius über seine Tätigkeit genaue Berichte in sein Heimatland sandte, wusste man Bescheid und konnte immer wieder helfend eingreifen. Diese Helfer, Freunde und Brüder aus seinem Kloster, die bis auf wenige Ausnahmen unbekannt blieben, ermöglichten auch die Errichtung von Pfarren in größeren Siedlungen. In weniger dicht besiedelten Gebieten wurden sie als Wanderprediger eingesetzt.

In der Nähe von Fritzlar, wo Bonifatius die Donareiche gefällt hatte, entstand ein Männerkloster unter der Führung des Abtes Wigbert. In Tauberbischofsheim gründete Lioba, eine Verwandte von Wynfreth, ein Frauenkloster, das bald weithin bekannt war.

In den Jahren 733/734 bereiste Bonifatius auf Einladung des Bayernherzogs dessen Land, um eine kirchliche Reorganisation in die Wege zu leiten, die einige Jahre später tatsächlich durchgeführt wurde. Auf dieser Reise schloss sich ihm der junge bayrische Adelige Sturm an, der später im Kloster Fritzlar seine Ausbildung erhalten und schließlich als Abt des berühmten Klosters von Fulda in die Geschichte eingehen sollte.

Ende 737 machte sich Bonifatius auf, ein drittes Mal nach der Heiligen Stadt zu pilgern, um mit dem Papst die Situation in seinem Missionsgebiet zu besprechen. Fast ein Jahr behielt ihn Gregor III. in seiner Nähe, wodurch Bonifatius ein bisschen zur Ruhe kommen konnte. Während seines Aufenthaltes traf es sich, dass er einer römischen Synode beiwohnen und den Geschäftsgang einer solchen Versammlung kennenlernen konnte. Auch gelang es ihm, eine Reihe von Landsleuten für seine Missionsarbeit zu begeistern. Darunter waren große Namen, wie z. B. Lul, der später sein Nachfolger auf dem Bischofssitz von Mainz werden sollte. Aus seiner persönlichen Verwandtschaft gewann er Wunibald und Willibald neben ihrer Schwester Walpurgis. Willibald wurde Bischof von Eichstätt, die beiden anderen übernahmen die Leitung von Klöstern. In Begleitung alter und neuer Jünger und im Besitz zahlreicher Empfehlungsschreiben kehrte Bonifatius 739 in der Funktion eines päpstlichen Legaten nach „Deutschland" zurück.

Zwanzig mühevolle Jahre waren seit seiner ersten Romreise vergangen. Auf rauen, meist ungebahnten Wegen, über Berg und Tal, durch tiefe Wälder; vielfältigen Entbehrungen und Gefahren ausgesetzt, hatte er nie aufgehört, den oft feindseligen Bewohnern das Christentum nahe zu bringen. Aus dem wagemutigen Missionar war ein erfahrener Oberhirte geworden, der nunmehr sechzig Jahre alt, vor seiner schwierigsten und wichtigsten Aufgabe stand. Überzeugt von seiner apostolischen Sendung, weil er mehr als je zuvor, im Auftrag des Nachfolgers Petri handelte, begann er die Ordnung der kirchlichen Strukturen im Frankenreich vorzubereiten.

In Bayern konnte er mit Hilfe des Herzogs Odilo seine Aufgabe relativ leicht erfüllen. Er besetzte die alten Bistümer Salzburg, Regensburg und Freising mit neuen Männern und bestätigte in Passau Bischof Vivilo in seinem Amt. Gleichzeitig wurde eine Nationalsynode einberufen, um längst notwendige Verordnungen zu erlassen.

Schwieriger gestaltete sich dagegen die Einrichtung von Diözesen im eigentlichen Missionsgebiet. Der Papst hatte mit Recht davor gewarnt, kleine Orte, die keine Zukunft hätten, zu Bistümern zu machen. Jene von Erfurt in Thüringen und im hessischen Buraburg wurden später verlegt. Geblieben sind Würzburg und Eichstätt als dauernde Bischofssitze.

Als Karl Martell 741 starb, begann im Frankenreich eine neue Ära. Pippin und Karlmann, die Söhne Karls, hatten in der Abtei St. Denis eine hervorragende Erziehung genossen. Karlmann, dem Austrasien[13] zugefallen war, dachte die bewährte Kraft des Erzbischofs sofort für sein Reich einzusetzen. Daher konnte Bonifatius dem neuen Papst Zacharias voll Freude melden:

> Karlmann, der Herzog der Franken, berief mich zu sich und forderte mich auf, in dem Teil, der seiner Herrschaft untersteht, eine Synode zu versammeln. Und er versprach, dass er die schon seit langer Zeit, nämlich seit 60 oder 70 Jahren, aufgelöste kirchliche Ordnung wiederherstellen wolle. (Brief 50)

Die Antwort des Papstes war noch nicht eingetroffen, als sich um Ostern 742 schon das erste Concilium germanicum unter dem Vorsitz des päpstlichen Legaten versammelt hatte; 743 folgte ein zweites in Les Estinnes, ebenfalls für Austrasien. Im folgenden Jahr begann das Konzil von Soissons an der Verbesserung der kirchlichen Zustände auch in Neustrien zu arbeiten.

Die Beschlüsse der Synoden beinhalteten die Bestätigung des bischöflichen Aufsichtsrechtes, Richtlinien zur Schulung des Klerus, Abschaffung von Irrlehren und

---

[13] **Austrasien** bezeichnete den östlichen Teil des Fränkischen Reichs im Gegensatz zu Neustrien, dem Westreich.

heidnischer Gebräuche, sowie die Einführung der Benediktinerregel[14] in allen Klöstern. Das vom Staate eingezogene Kirchengut, sollte wegen der Geldnot im Reich erst allmählich zurückgegeben werden. Weitere Konzilien folgten, deren Beschlüsse von römischen Synoden ausdrücklich bestätigt und von den Herrschern der Franken als staatliche Gesetze verkündet wurden[15].

Eine Reichssynode im Sommer 747 brachte die Erneuerung der fränkischen Kirchenverfassung zu einem gewissen Abschluss. Und Bonifatius konnte nach Rom berichten, dass er eine von allen Bischöfen unterzeichnete „Urkunde des wahren und rechten Glaubensbekenntnisses und der katholischen Einheit" als Zeichen ihrer erneuerten Verbindung mit dem Hl. Stuhl, dem Papst überreichen könne.

Bonifatius hatte das siebzigste Lebensjahr überschritten. Wieder einmal waren Sachsen über die Weser vorgedrungen und hatten in den thüringischen Landen dreißig Kirchen zerstört. Bonifatius eilte zu seinen schwer geprüften Gläubigen, tröstete, unterstützte und richtete sie wieder auf. Zurückgekehrt nach Mainz, seinem persönlichen Bischofssitz, hätte er in Frieden seinen

---

[14] **Benediktinerregel** wurde von Benedikt von Nursia im frühen 6. Jahrhundert zur Ordnung des gemeinsamen Lebens der Mönche verfasst. Die Regel enthält in einem Prolog und in 73 Kapiteln grundlegende Aussagen und Vorschriften über das Verhalten der Mönche innerhalb des Klosters, die Tugenden der Mönche, Anordnungen für den Gottesdienst. Das *Opus Dei* (Werk Gottes), regelt das Verhältnis der Mönche untereinander und zwischen Abt und Mönchen und gibt Vorschriften über die Verwaltung des Klosters und über die Erziehung der Novizen. Die Basis der Mönchsregel ist (vgl.Mt.19,12b;19) Armut, Ehelosigkeit und Gehorsam – dazu *stabilitas loci* (Verbeiben am Ort).

[15] Die sogenannten „**Kapitulare der Hausmeier**" wurden zwar verkündet, konnten aber bestenfalls als Operationskalender betrachtet werden, weil eine rasche praktische Umsetzung die schwierige staatsrechtliche Stellung der beiden Hausmeier nicht zuließ.

Lebensabend verbringen können. Aber Bonifatius wäre nicht er selbst gewesen, wenn er nicht weiter an Missionsarbeit gedacht hätte, die ihn sein ganzes Leben faszinierte. An die Sachsen dachte er sicher zuerst, aber die waren wirklich noch nicht bereit für das Christentum. Also trat die Mission der Friesen wieder in den Vordergrund.

Wieder bei den Friesen und Tod als Märtyrer

Bonifatius entschied sich, dort weiterzumachen, wo er vor vielen Jahren begonnen hatte. Mit Sorgfalt bereitete er alles vor. Selbst ein Leinentuch als Sterbekleid musste ihm Bischof Lul, sein Nachfolger und Vertreter am Mainzer Bischofssitz, mitgeben. Seinen Leichnam vermachte er dem Kloster Fulda und bestimmte darüber hinaus, dass die treue Lioba, eine jüngere Verwandte von ihm und Äbtissin von Tauberbischofsheim, einst an seiner Seite bestattet werden sollte. Den ganzen Winter missionierte Bonifatius erfolgreich unter den Friesen und im Frühling darauf direkt an der Nordseeküste.

Am Meeresufer bei Dokkum waren einige Zelte für die Missionstruppe des Apostels aufgestellt worden, und Bonifatius wartete auf die Neugetauften, um ihnen die Firmung zu spenden. Aber anstatt der Erwarteten stürzte plötzlich eine Gruppe gewalttätiger Männer über das Zeltlager her. Der Speisemeister und sein Bruder, die sich den Angreifern entgegenstellten, wurden sofort niedergemacht. Dann fiel Bonifatius unter den Schwerthieben der Räuber. Von einem unbekannten Augenzeugen wurde berichtet, dass der Heilige das Buch, worin er gerade gelesen hatte, unwillkürlich als Schutz über seinen

Kopf gehalten hatte. Doch auch das Buch konnte den Hieb nicht abwehren, der ihm den Kopf spaltete.[16]

Abb. 4: Märtyrertod von Bonifatius

Zunächst wollten die Friesen den Leichnam ihres verehrten Missionars in Utrecht feierlich bestatten, doch als der Mainzer Bischof Lul davon hörte, schickte er Boten nach Friesland und verlangte die Herausgabe des Leichnams. Aber auch Mainz durfte ihn nicht behalten, weil

---

[16] Neuere Untersuchungen kommen zu der Schlussfolgerung, dass die Täter heidnische Friesen waren, die wussten, mit wem sie es zu tun hatten, aber auch die Gelegenheit nutzten, um Beute zu machen. Bonifatius war, wie die Untersuchung seiner in Fulda aufbewahrten Gebeine ergeben hat, mit seiner Größe von 1,85 m bis 1,90 m für die damalige Zeit ein schon äußerlich sehr auffälliger Mann. Es ist also davon auszugehen, dass die Angreifer wussten, wen sie vor sich hatten. Wenn die Angreifer ihn töteten, obwohl er keinen Widerstand leistete und auch seine Begleiter dazu aufgefordert hatte, das Martyrium auf sich zu nehmen, so taten sie es also auch, um einen Missionar des christlichen Glaubens auszuschalten. Die Frage, ob auch der materielle Wert der Weihegeräte, die Bonifatius und seine Leute mit sich führten, ein Ziel der Angreifer waren, muss offenbleiben.

der letzte Wille des Heiligen bestimmte, dass er in Fulda begraben werde, wo sein Grab zu einem religiösen Mittelpunkt von Deutschland wurde.

Bonifatius, Mensch und Heiliger

Als ausgeprägter Charakterzug erweist sich wohl seine – man möchte fast sagen – „deutsche Treue". Wenn die Worte, die von der Kirche ihren Bischöfen zugerufen werden: „Wohl dir, du guter und getreuer Knecht!" auf jemanden zutreffen, dann sicher auf Bonifatius. Mit seinen Freunden und Mitstreitern in Britannien blieb er Zeit seines Lebens in Liebe und Freundschaft verbunden. Auch wenn ihm die Arbeit denkbar schwergemacht wurde, blieb er dem Volk treu, dem er als Missionar dienen wollte, und ebenso treu diente er den Statthaltern Christi, wie alle seine Briefe dokumentieren.

Menschen aus Irrtümern und Verstrickungen herausholen, kann nur jemand, der selber stark verankert ist. Bonifatius nahm das Christentum Britanniens in die deutschen Waldgebiete mit, sowohl durch seinen regen Briefwechsel mit der Heimat als auch durch die angelsächsischen „Hilfstruppen", die immer wieder zu ihm stießen. In seinem Briefwechsel mit den Menschen daheim wird die liebenswürdige, menschliche Seite von Bonifatius besonders deutlich. Rat in vielen Anliegen wurde erbeten und erteilt; Sorgen und Hoffnungen wurden ausgetauscht. Aus England kamen vor allem Bücher und Gewänder. Bonifatius seinerseits schickte an Bischof Daniel von Winchester „eine Decke, nicht seiden, sondern aus Ziegenhaar gewoben und zottig, um Eurer Liebden Füße zu umhüllen." (Brief 63).

An Erzbischof Ekbert von York schickte er einmal „statt eines Kusses zwei Fässchen Wein mit der Bitte, Euch im Sinne der zwischen uns bestehenden Liebe mit euren Brüdern einen frohen Tag anzutun." (Brief 92).

Durchdrungen von seinem Glauben und im Besitz einer vorzüglichen theologischen Ausbildung, überragte Bonifatius die meisten seiner Amtskollegen, die im Hinblick auf die christlichen Glaubensinhalte oft selbst nicht sattelfest waren.

Umsicht, Geduld und Ausdauer, trotz aller Rückschläge, machten ihn zum wahren Missionspriester. Als es galt, die kirchliche Struktur zu ordnen, brauchte er Ansehen und amtliche Vollmacht und sorgte dafür, sie vom Papst und dem Frankenfürsten zu bekommen. Seiner Umsicht entsprang auch die Gründung einer Reihe von Klöstern, die als geistige Zentren für die christliche Überzeugung und die moralische Verantwortung, weit über seinen Tod hinaus, ihre segensreiche Wirkung bewahrten.

Bonifatius hatte nicht viel für die eigentliche Bekehrung von Heiden tun können. Sein Lieblingsziel, die Sachsenmission, blieb aussichtslos, bevor die fränkischen Waffen über die Lippe zogen. Doch blieb sein Anliegen in den Herzen und Köpfen seiner Schüler lebendig, die letztendlich seine Arbeit als Apostel der Deutschen erfolgreich fortsetzten.

Ähnliches ließe sich auch über seine Arbeit als päpstlicher Legat und Erneuerer der fränkisch-germanischen Kirchenordnung behaupten. Er selbst hat – wir würden sagen - die theoretische Grundlage einer weitgehenden Strukturreform der fränkischen Kirche gemeinsam mit den Bischöfen erarbeitet. Wohl hat Bonifatius darunter gelitten, dass die notwendigen Reformen dermaßen verschleppt wurden. Doch konnte er daran nichts mehr ändern, weil die Verhandlungen zwischen dem Papst und König Pippin direkt und ohne ihn geführt wurden. Bonifatius, alt geworden und in das zweite Glied versetzt, fühlte, dass der Großteil seiner Reformarbeit gleichsam „liegengeblieben" war und reagierte müde und - wir würden sagen- frustriert mit den Worten: „Die Arbeit, die ich leiste, scheint am meisten Ähnlichkeit zu haben mit einem Hund, der bellt und sieht, wie die Diebe und Räuber das Haus seines Herrn aufbrechen, untergraben und verwüsten, aber weil er keine Helfer zur Verfügung hat, nur knurrend winselt und jault." (Brief an Cuthberth von Canterbury)

Eine ähnliche Selbsteinschätzung kann auch uns manchmal überfallen, wenn unsere hochgesteckten Ziele nicht zu erreichen sind. In diesem Augenblick vergessen wir allzu leicht, was durch unseren Einsatz schon bewirkt wurde, weil das Erreichte so dürftig und gering erscheint. Dennoch dürfen wir hoffen und glauben, dass jede Mühe, jede Anstrengung für ein ideales Ziel Früchte bringt. Vielleicht nicht gleich, vielleicht bleiben sie für unsere Wahrnehmung auch unsichtbar. Doch sie werden da sein, werden wachsen, wie bei Bonifatius, dessen Mühen um die Reform der Kirche sehr wohl Erfolge erzielten, sichtbare und unsichtbare.

Die direkten Verhandlungen des Königs mit dem Papst markierten den Beginn einer engen und erfolgreichen Zusammenarbeit im Hinblick auf die Reform des Klerus, die schließlich eine positive geistige Wandlung bewirkte, die von Bonifatius grundgelegt wurde. Er selbst konnte diese Entwicklung nicht mehr erleben, nicht mehr bewusst wahrnehmen. Der greise Sendbote Gottes spürte, dass seine politische Mission zu Ende war. Daher nahm er wieder den Wanderstab und begann dort weiter zu arbeiten, wo er begonnen hatte und fand dabei den Märtyrertod.

Der gewaltsame Tod, den er für seinen Glauben erleidet, versetzt den Märtyrer in die direkte Nachfolge von Jesus Christus, der auf Kalvaria hingerichtet wurde. Stephanus, der Erz-Märtyrer der Heiligen Schrift, sieht im Hagel der todbringenden Steine den Himmel offen. Damit beschreibt er das innere Geschehen, das den tapferen Kämpfer trägt und hält und die berührende Tragik des Märtyrertodes in seiner inneren Gestalt beleuchtet.

Christus erscheint ihm in seinen letzten Lebensminuten als Sieger über die Welt, der den Märtyrer empfängt und zu sich heimholt.

Die blutige Verfolgung der Christen ist ein immer wiederkehrender Leidensweg in der Geschichte der Kirche. Die Gründe können von Seiten der Verfolger unterschiedlich sein. Doch handelt es sich immer um ein Geschehen, dass der Wirkung der christlichen Botschaft metaphysische und geistige Kraft verleiht, wie die unglaubliche Erfolgsgeschichte des Christentums im Römerreich sehr eindringlich beweist. Doch soll damit die andere Art des Märtyrertums nicht abgewertet werden, die sich durch ein opfervolles Leben nach den hohen Forderungen unseres Glaubens auszeichnet. Auch der Einsatz der Heiligen und aller opferbereiten Menschen trägt zu dem gewaltigen Werk bei, das Christus zur Rettung der Menschheit begonnen hat von innen her trägt und hält.

Bonifatius wurde von gewalttätigen Menschen ermordet, die auch auf Beute hofften. Dem alten Bonifatius nahmen sie das Leben – der Kraft seiner Reform, konnten sie nichts anhaben.

Zweifellos war das große Reformwerk des achten Jahrhunderts nicht das alleinige Verdienst von Bonifatius. Viele Faktoren spielten hier zusammen und schließlich stand über allem die Vorsehung Gottes. Dennoch müssen sich Menschen auf die Herausforderungen der Vorsehung einlassen und mit ihren Begabungen und Talenten in den Dienst nehmen lassen. Meiner tiefen persönlichen Überzeugung nach ist erfolgreicher Dienst an der christlichen Gestaltung der Welt nur durch das Miteinander von Gott und Mensch zu erlangen: Damals und heute.

Reichsentwicklung unter den Karolingern

Sowohl Deutsche als auch Franzosen führen die Anfänge ihrer Nationalgeschichte auf Karl den Großen zurück. Der Enkel des Hausmeiers Karl Martell war fränkischer König, sowie der erste „römische Kaiser" und wird somit in beiden Ämtern auch als Karl I. gezählt. Er erhielt bereits zu Lebzeiten den Beinamen „der Große" und gilt seit dem Mittelalter als einer der bedeutendsten Herrscher des Abendlandes. Das Frankenreich erfuhr unter ihm seine größte Ausdehnung, und mit seiner Krönung durch Papst Leo III. am Weihnachtstag des Jahres 800 wurde das Kaisertum im Westen Europas neu begründet.

Nach dem Tode Karl Martells besiegten Pippin der Jüngere und sein Bruder Karlmann gemeinsam Alemannen, Bayern und Aquitanier, die sich erhoben hatten. Auch in kirchlichen Belangen arbeiteten sie zusammen und unterstützten Bonifatius, der sich für eine engere Bindung des Frankenreiches an Rom einsetzte. Doch schließlich entfremdeten sich die beiden Brüder. Karlmann ging nach Rom und wurde später Mönch in Monte Cassino. Pippins Ambitionen wuchsen, als ihm am 2. April 748 ein Sohn geboren wurde, dem er den Namen des Großvaters Karl gab. Als er in Rom anfragte, ob es gut sei, dass es im Frankenreich Könige gebe, die keine Macht hätten, gab ihm Papst Zacharias die gewünschte Antwort.

Ermutigt durch diese Stellungnahme ließ sich Pippin 751 in Soissons zum König erheben. Nach alttestamentarischem Vorbild wurde Pippin mit heiligem Öl gesalbt, um sein Königtum „von Gottes Gnaden" symbolisch zu legitimieren. Der Merowinger Childerich wurde abgesetzt und in einem Kloster inhaftiert. Damit war der lang andauernde Prozess der Ablösung der Merowinger durch die Karolinger abgeschlossen. Als Papst Stephan II. vom Langobardenkönig schwer bedrängt wurde, kam er auf Einladung Pippins ins Frankenreich, wo er vom König feierlich empfangen wurde. Aistulf, der langobardische König, ahnte was dieses Treffen bedeuten könnte und schickte den Mönch Karlmann nach Norden, um gegen das päpstlich fränkische Bündnis zu protestieren. Daraufhin wurde Karlmann gefangen genommen, seine Söhne geschoren und ins Kloster gesteckt. Als Karlmann erkrankte und bald darauf starb, war der Weg frei für Pippins Alleinherrschaft, die durch seine Salbung durch den Papst, Weihe und Bestätigung erhielt. Darüber hinaus wurde Pippin der Ehrentitel eines *patricius Romanorum*, eines Schutzherrn der Römer übertragen. Als Gegenleistung versprach Pippin in der Urkunde von Quierzy dem Papst das Dukat Rom, das Exarchat Ravenna, die Pentapolis, Tuszien, Venetien, Istrien und die Herzogtümer Spoleto und Benevent als kirchliche Territorien, die den Langobarden aber erst abgenommen werden mussten. Diese Zusage wurde als *Pippinsche Schenkung* bekannt und gilt als Grundlage des Kirchenstaates.

Seiner Zusage verlieh Pippin in der Folge Gehalt, indem er den Langobardenkönig 754 besiegte und in Pavia einschloss. Dieser musste die Gebiete, die er den Byzantinern abgenommen hatte, herausgeben und die fränkische Oberhoheit anerkennen. Allerdings war Pippin schon zwei Jahre später wieder in Italien unterwegs, um Aistulf zur Einhaltung der Friedensbedingungen zu zwingen.

Neben der Begründung des karolingischen Königtums und der Annäherung an das Papsttum wurde die endgültige Eroberung Aquitaniens, die sich über Jahre hinzog, Pippins größter militärischer Erfolg. 768 wurde das Gebiet ins Frankenreich eingegliedert, da Waifar, der letzte Herzog von Aquitanien, von seinen eigenen Gefolgsleuten ermordet wurde. Inwieweit Pippin dabei seine Hand im Spiel hatte, muss offenbleiben. Auch zwang er im selben Jahr Herzog Tassilo III. von Bayern zur Leistung des Vasalleneides.

Allerdings konnte sich der 54jährige Pippin nicht lang an diesen Erfolgen freuen, weil ihm, dem eigentlichen Begründer der Karolingischen Dynastie, noch im selben Jahr der Tod Krone und Szepter aus der Hand nahm.

Reichsteilung nach dem Tod Pippins

Karl der Große, der bedeutendste Herrscher der Karolinger, übernahm ursprünglich Austrasien als Erbe seines Vaters, während seinem Bruder Karlmann Neustrien, der westliche Teil des Frankenreiches als Erbteil zuerkannt wurde. Im Grunde war es eine unglückliche Teilung für Karl, weil sich St. Denis, die königliche Grabstätte der Merowinger, wo auch Pippin begraben lag, in Karlmanns Teilreich befand; räumlich von Italien und damit von Rom und dem Papsttum abgeschnitten. Aquitanien war Karl durch Losentscheid zugefallen. Und an Aquitanien entzündete sich auch der erste massive Konflikt zwischen den Brüdern, weil Karlmann dem Bruder die versprochene Unterstützung verweigerte, als dieser gegen den aufständischen Sohn von Waifar ins Feld ziehen musste.

Zwar kam es vorübergehend zu einer Versöhnung, doch die währte nicht lange, weil die Frage, welcher der beiden Brüder die Führung in der karolingischen Dynastie beanspruchen sollte, ungeklärt blieb. Als ihre persönlichen Vermittlungsversuche nichts fruchteten, fasste Bertrada, die Mutter der beiden, den Plan, Karl mit einer Tochter des Langobardenkönigs Desiderius zu verheiraten, um Karlmann von Süden her einzuschränken. Mit der Gunst des Bayernherzog Tassilo III., der im Osten des Frankenreiches residierte und mit einer anderen Tochter des Langobardenkönigs verheiratet war, dachte sie Karlmann auch vom Osten her zu isolieren. Diese innerdynastischen Pläne standen allerdings im direkten

Widerspruch zu den Erwartungen des Bischofs von Rom, der kein politisches Bündnis zwischen dem Frankenreich und den Langobarden wollte. Die Verhandlungen zwischen Papst und Bertrada gestalteten sich erwartungsgemäß zäh und schwierig, doch schließlich gelang es ihr - unterstützt durch Konzessionen des Langobardenkönigs an den Papst - die Eheerlaubnis für Karl zu erwirken. Als nun Karlmann, um seine Rechte besorgt, in Rom zu intervenieren begann und tatsächlich einigen Einfluss gewann, erschien der beunruhigte Desiderius mit einem Heer vor Rom und machte Karlmanns Bemühungen zunichte.

Karl als Alleinherrscher

Wie der Konflikt zwischen den Brüdern sich entwickelt hätte? Diese Frage erübrigt sich, weil Karlmann am 4. Dezember 771 im jugendlichen Alter von 20 Jahren starb. Nun war Karl Alleinherrscher im Frankenreich. Er reagierte sofort und empfing bei Corbeny die Großen seines verstorbenen Bruders. Karl nahm ihre Huldigung entgegen und stellte die Einheit des Frankenreiches wieder her, obwohl sein Bruder zwei Söhne als Erben hinterlassen hatte. Karlmanns Witwe floh mit den beiden Söhnen zu Desiderius, dem Einzigen, der Karl entgegentreten konnte. Bald darauf kam es zu einer völligen Umkehr der Allianzen. Karl verstand das Asyl, das der lombardische Hof seiner Schwägerin und den Kindern gewährte, als Kampfansage und verstieß nun seinerseits nach nur einjähriger Ehe die Tochter des lombardischen Königs, was zweifellos einer Kriegserklärung gleichkam. Trotz dieser Provokation unternahmen beide Kontrahenten im Jahre 772 noch nichts gegeneinander. Karl suchte sich neu zu verheiraten und fand in Hildegard, die aus einem alemannischen Herzogshaus stammte und eine Cousine des Bayernherzog Tassilo war, eine neue Gemahlin. Im gleichen Jahr wurde Karl gegenüber den Sachsen aktiv und zerstörte ihr Heiligtum Irmisul. Er brachte die gesammelten Schätze an sich und verwendete das gewonnene Gold und Silber, um seine Gefolgsleute zu bezahlen. Gleichzeitig konnte er mit den erbeuteten Schätzen sein Prestige als König maßgeblich erhöhen. Und das brauchte er dringend, weil der abrupte Kurswechsel gegenüber den Langobarden, die noch vor einem Jahr als Freunde angeworben wurden, nicht allen Gefolgsleuten einleuchtete. Auch war Gerberga, die Frau seines verstorbenen Bruders, von einigen Großen des Reiches ins Exil begleitet worden, und es stand zu befürchten, dass dort eine Keimzelle wirkungsvoller Opposition entstehen könnte.

Bereits 773 erreichte Karl ein Hilferuf des Papstes Hadrians I., der von Desiderius bedrängt wurde und zeitweilig sogar römisches Gebiet besetzte. Hadrian versuchte sich zu wehren und bedrohte den König mit dem Kirchenbann. Karls wiederholte Versuche, im Verhandlungsweg die Situation zu entschärfen, scheiterten am Widerstand des Langobardenkönigs. Als sich Desiderius nach Pavia, seiner befestigten Hauptstadt, zurückzog, die als uneinnehmbar galt, begann Karl die Stadt mit seinen Truppen zu belagern. Die Witwe Karlmanns war mit ihren beiden Söhnen in Verona untergebracht, wo der Sohn des Königs die Verteidigung befehligte. Da es zu keinen Kampfhandlungen kam und Verona in langobardischer Hand blieb, ist anzunehmen, dass die Neffen mit ihrer Mutter an Karl ausgeliefert wurden. Was weiter mit ihnen geschah, darüber schweigen die Quellen.

Zu Ostern desselben Jahres begab sich Karl mit einem beträchtlichen Teil seines Heeres nach Rom, wo er von Papst Hadrian I. mit den protokollarischen Ehren eines Statthalters des byzantinischen Kaisers empfangen wurde. Karl wurde damit in der Funktion als *patricius Romanus*, als Schutzherr Roms, bestätigt. Karl erneuerte die *Pippinsche Schenkung,* womit er die päpstlichen Besitzungen in Mittelitalien garantierte. Der Aufenthalt in Rom dürfte den fränkischen Kriegern neuen Mut und die Motivation gegeben haben, Pavia weiter zu belagern. Und tatsächlich gelang es Karl nach einer neunmonatigen Belagerung der Stadt - die schließlich durch Hunger und Seuchen bezwungen wurde - die Kapitulation von Desiderius entgegenzunehmen, der bald darauf in ein Kloster verbannt wurde. Karl bemächtigte sich des Königsschatzes und übernahm ohne förmlichen Wahlakt die langobardische Königswürde.

Abb. 5: Die Langobardenkrone[17]

Klugheit und Entschlossenheit, sowie Stehvermögen in aussichtslos erscheinenden Situationen, hatten Karl als fähigen Herrscher bewiesen, der nur von den kriegerischen Sachsen jahrelang in Atem gehalten wurde.

Wenn man die Sachsenkriege Karls genauer studiert, dann wundert man sich, wie es diesen „Zwergen" gelang,

---

[17] Die **Krone** entstand Anfang oder in der zweiten Hälfte des 9. Jahrhunderts. Sie besteht aus einer sechsteiligen, grünemaillierten und mit 22 Edelsteinen besetzten goldenen Umfassung. Im Innern befindet sich ein eiserner Reif, der angeblich aus einem Nagel vom Kreuz Christi hergestellt wurde und namengebend für die Krone ist.

die gewaltige Übermacht des fränkischen Herrschers über 30 Jahre lang herauszufordern. Der Hauptgrund ist zweifellos darin zu suchen, dass es „die Sachsen" als geeinte Volksgruppe gar nicht gab. Sie setzten sich aus einer Vielzahl von Gruppen und Völkerschaften zusammen, die von einzelnen Anführern geleitet wurden, die sich als Könige betrachteten und auch kultische Verehrung genossen. Darüber hinaus gab es keine zentrale Gewalt mit Handlungsbefugnis, die ihnen von außen entzogen werden konnte. Und diese ihre Rückständigkeit wurde im Kampf gegen die Herrscher des fränkischen Reiches zu Stärke. So konnte Karls Heer immer nur einzelne Gruppen unterwerfen und deren Anführer zur Rechenschaft ziehen, aber niemals die Gesamtheit der Sachsen. Und wenn die Franken und Karl meinten, das störrische Volk bereits besiegt zu haben, so mussten sie doch immer wieder von neuem ausziehen, um das nächste Scharmützel zu bestehen. Dass Karl zwischendurch grausam anmutende Exempel statuierte, ist eine Tatsache. Doch ist die Zahl der Hinrichtungen wahrscheinlich übertrieben. Auch ist denkbar, dass es sich um Deportationen von Gefangenen handelte, die ihm den Ruf eines „Sachsenschlächters" einbrachte. Wohlwollend verhielt sich Karl zweifellos gegen Widukind, den er nach einer gravierenden Niederlage zum Taufbecken geleitete und reichlich beschenkte. Danach durfte sich Widukind auf seine Besitzungen zurückziehen und erhielt wahrscheinlich eine hohe Stellung in der Ämterhierarchie des fränkischen Reiches.

Karl im Konflikt mit Bayernherzog Tassilo

Anders erging es Tassilo III., dem Bayernherzog, der in seinem reichen blühenden Landstrich wie ein König regierte. Er kontrollierte die bayrische Kirche und hielt Synoden ab. Er gründete Klöster und bemühte sich um die Verbreitung des Glaubens. Tassilo erwirkte sogar, dass der Papst seinen Sohn aus der Taufe hob, womit sein machtpolitisches Gewicht von der höchsten moralischen Autorität im Abendland anerkannt wurde - offenbar mit Karls Einverständnis. Als Hildegard, die Gemahlin Karls und Cousine Tassilos, starb, verschlechterten sich die Beziehungen zwischen Karl und Tassilo. Als Karl mit Heeresmacht in Bayern eindrang, musste sich Tassilo unterwerfen und aus den Händen Karls Bayern als Lehen entgegennehmen. Damit war der Form Genüge getan. Doch Karl war das nicht genug. Um seine Pläne weiterzuverfolgen, berief er Tassilo nach Ingelheim. Während sich der Herzog bei Karl aufhielt, ließ er dessen Familie und den Familienschatz in seine Gewalt bringen, wodurch er den Herzog isolierte und gefahrlos festnehmen konnte. Danach begann ein Schauprozess gegen Tassilo, der später viel diskutiert wurde. Man warf ihm vor, dass er 763 noch unter Pippin unerlaubt das fränkische Heer verlassen und eigenmächtige Verbindungen zu den heidnischen Awaren im Osten aufgenommen habe. Die Anklagepunkte reichten zweifellos nicht aus, um einen Schuldspruch von der Schwere zu rechtfertigen, der Tassilo zum Tod und danach zu lebenslanger Klosterhaft verurteilte. Spätestens 794 wurde dann klar, worin die eigentlichen Hintergründe für seine Haft bestanden, als man Tassilo vor eine Reichssynode in Frankfurt zitierte, wo er für sich und seine Nachkommen den endgültigen Verzicht auf Bayern beurkunden musste.

Tassilo konnte für Karl gefährlich werden. Er hatte eine gesicherte Herrschaft in seiner Hand und achtbare Erfahrungen als Regent gesammelt. Es war daher zu erwarten, dass er als König ebenso erfolgreich wirken könnte wie als Herzog. Das bedeutete aber, dass Karls Söhne nach seinem Tod einen ernst zu nehmenden Konkurrenten vorfinden würden, und das durfte nicht sein. Zudem reizte Karl auch der Gedanke sich dieses reiche und blühende Land anzueignen, das nicht zuletzt wegen seiner dichten Klosterlandschaft zu hoher kultureller Bedeutung gekommen war.

Eroberung der apenninischen Halbinsel

Im 8. Jahrhundert war das oströmische Reich bis auf einige Stützpunkte in Dalmatien und Italien zusammengeschmolzen. Die bedeutendsten Besitzungen waren Sizilien und das Exarchat von Ravenna, das durch einen schmalen Landstreifen quer über den Apennin mit dem Dukat von Rom verbunden war. Der Exarch von Ravenna, der oberste Repräsentant des oströmischen Kaisers im Westen, mit dem Rangtitel *patricius,* war daher auch für Rom zuständig. Als die Langobarden 751 das Exarchat von Ravenna eroberten, wurden sie gleichzeitig die Herren von Rom. Im gleichen Jahr wurde Karl Martells Sohn, Pippin der Jüngere, mit Hilfe des Papstes zum König erhoben, womit die Allianz des Papstes mit den Frankenherrschern begann.

Karl, der 774 die Langobarden in Nord- und Mittelitalien unterworfen hatte, bemühte sich zu dieser Zeit noch um die Gunst des byzantinischen Hofes, die durch eine Heirat seiner Tochter Rotrud mit Konstantin VI. abgesichert werden sollte. Inzwischen hatte sich aber das Herzogtum von Benevent als langobardisches Rückzugsgebiet zur Bedrohung für Rom und die fränkischen Herren entwickelt. Daher rückte Karl 787 in das Fürstentum ein, wo ein Schwiegersohn des entmachteten Desiderius, bald auf jeden Widerstand verzichtete, Karls Oberhoheit anerkannte und seinen Sohn als Geisel stellte. Durch diesen Erfolg offensichtlich verführt, verweigerte Karl der kaiserlichen Gesandtschaft die Hand seiner Tochter, was einer massiven Provokation gleichkam. Daraufhin verbündeten sich, wie zu erwarten, der Herzog von Benevent mit Byzanz. Durch eine glückliche Fügung (für Karl), starb dieser noch im selben Jahr, während sich dessen Sohn Grimoald als Geisel in der Hand des fränkischen Königs befand. Gegen den Rat des Papstes entließ dieser Grimoald nach Hause, der daraufhin gemeinsam mit dem Herzog von Spoleto die verbliebenen byzantinischen Truppen besiegte und damit den Interessen von Karl entgegenkam.

Im Konflikt mit dem byzantinischen Kaiserhof

Karls Provokation gegenüber Byzanz ist nicht einzusehen. Seine militärischen Erfolge stellten ihn keineswegs mit dem byzantinischen Kaiserhof auf gleiche Stufe. So war es aus oströmischer Sicht durchaus konsequent, dass der Kaiser 787 ein „Allgemeines Konzil" nach Nicäa einberief und dazu eine Abordnung des Papstes, aber nicht den Frankenkönig einlud. Das entsprach durchaus den traditionellen Gepflogenheiten. Nur dem Kaiser war es gestattet, in Angelegenheiten der Gesamtkirche mitzuentscheiden. Und als Patriarch des Westens nahm der Papst auch die Interessen der Franken wahr. Diese waren schließlich noch vor wenigen Jahren um liturgische und theologische Texte bei ihm vorstellig geworden, um ihre eigene Kirche zu reformieren und auf den rechten Weg zu bringen. Auf diese Barbaren sollte er, der Nachfolger des Hl. Petrus, Rücksicht nehmen und sich um deren Beteiligung an einem Ökumenischen Konzil bemühen?

Das Konzil von Nicäa 787 beendete offiziell den Bilderstreit[18], der zwischen dem Byzantinischen Kaiserhof und Rom entbrannt war. Karl konnten diese Ergebnisse ziemlich gleichgültig sein, weil dieses Problem in Europa

---

[18] Im Byzantinischen Reich kam es zu zwei rigorosen Phasen, in denen mit der Unterstützung der Kaiser alle Bilder aus den Kirchen entfernt und jede Neuherstellung unter Strafe verboten wurde. Auch die Kaiser Leo III. und Konstantin V. setzten sich für Bilderverbote ein. Nach einer liberalen Zwischenzeit kam es dann nochmals in der ersten Hälfte des 9. Jahrhunderts unter Leo V. zu entsprechenden Verboten.

kein Thema war. Daher ging der Streit zwischen Karl und Hadrian nach dem Konzil weiter, und zwar inhaltlich um des Kaisers Bart. Karl versteifte sich darauf, dass die fränkischen Bischöfe auf dem Konzil nicht anwesend gewesen waren, wodurch es keinen Anspruch auf Allgemeingültigkeit hatte und die Dokumente des Konzils abzulehnen wären.

Daraufhin berief auch er 794 ein Konzil nach Frankfurt ein, wo es um die Untersuchung und Verurteilung des Adoptianismus[19] ging, einer in Spanien verbreiteten Irrlehre, über die Natur Jesu Christi. Zu den Bischöfen aus den alten römischen Provinzen Gallien, Germanien und Italien gesellten sich Abgesandte der angelsächsischen Kirche und Legaten des Papstes. Das Ergebnis des Konzils, die Verurteilung der Irrlehre über die wahre Natur Christi, wurde vom Papst zwar anerkannt, aber weil im Gegenzug die Ergebnisse des Nicäanischen Konzils in Frankfurt verworfen wurden, bestätigte der Papst - um sein Gesicht zu wahren - weder die Dokumente des Nicäanischen, noch des Frankfurter Konzils. Damit hatte Karl seinen Anspruch auf Gleichberechtigung in aller Form deutlich gemacht.

Papst Hadrian I. starb Weihnachten 795, sehr betrauert von Karl, der ihn als Menschen geachtet, ja sogar geliebt hatte. Und er ließ Alkuin einen Text verfassen, der heute noch auf schwarzem Marmor in der Peterskirche zu lesen ist:

---

[19] Der **Adoptianismus** bezeichnet eine christologische Lehre, nach der Jesus Christus nicht wesenhaft Gott, sondern nur ein als Gottessohn adoptierter Mensch gewesen sei. In ihrem Beschluss nahm die Synode Bezug auf die Entscheidungen der vorangegangenen Konzilien, besonders auf das Christuskonzil von Chalzedon, das bereits im Jahr 451 in patristischer Tradition die „reine Lehre vom Gottmenschentum des Erlösers" vertreten hatte.

Um den Vater vergieß ich Tränen, ihm ließ ich, Karl, diese Verse schreiben. „Du, meine innige Liebe, dich Vater bewein ich jetzt. Die Namen vereine ich glänzend mit Titeln: Hadrian und Karl, König ich, Vater du. Beter, der du die Verse demütigen Sinnes liest, sprich 'Gott, sei gnädig, erbarme dich beider!'"

Hatte Karl gegenüber Papst Hadrian I. schon auf seine überragende Position gepocht, so tat er es erst recht gegenüber dessen Nachfolger Leo III., dem er allein die Aufgabe des Betens zuwies, während er selbst die römische Kirche schützen und die Christen gegen Heiden und Ungläubige verteidigen wollte. Dies schrieb er an den Papst, nachdem er den Awaren - den heidnischen Feinden im Osten des Reiches – im Jahr 796 eine schwere Niederlage zugefügt hatte.

Während des fränkischen Triumphs über die Awaren, hatte Kaiser Konstantin VI. seine Mutter Irene in Byzanz entmachtet. Doch gelang es der Kaiserin 797 ihren Sohn abzusetzen, durch Blendung amtsunfähig zu machen und im eigenen Namen die Regierung fortzusetzen. Diese Ereignisse bestärkten Karl zweifellos in seinem Entschluss, bei passender Gelegenheit nach der höchsten weltlichen Würde zu greifen.

Beschützer des Papstes und Kaiserkrönung

Der römische Aufstand gegen Papst Leo III. sollte zu dieser Gelegenheit werden. Leo III. war kein römischer Aristokrat, sondern verdankte seinen Aufstieg dem Dienst an der Kirche. Zweifellos gab es schon länger Spannungen zwischen dem Bischof von Rom und den Vertretern des Adels. Zur Eskalation kam es während einer Prozession, als auf Anstiftung der Neffen des verstorbenen Papstes, Leo III. ergriffen und in Klosterhaft genommen wurde. Allerdings wagten die Verschwörer nicht, einen neuen Papst einzusetzen, ohne zuvor den Frankenkönig einzuschalten, der Mittel- und Oberitalien machtpolitisch in seiner Hand hatte. Paschalis und Campulus, repräsentierten auf Grund ihrer Verwandtschaft mit Hadrian I. eine Gruppe, die am fränkischen Hof Ansehen genoss, und daher erwarteten sie mit einigem Recht die Bestätigung ihrer Ansprüche. Doch es kam anders als erwartet. Als die fränkischen Abgesandten in die Verhandlungen eintraten, wurde Leo III. sofort freigelassen, und man kam überein, die komplizierte Sachlage am fränkischen Hof direkt zu beraten. Papst Leo III. und seine Abordnung wurden daher nach Norden begleitet, um am fränkischen Königshof ihren Standpunkt zu verteidigen.

Auf eine genauere Beschreibung des komplexen Sachverhaltes rund um die Absetzung von Leo III. kann verzichtet werden, da eine klare und einsichtige Beweisführung schon damals ein Problem war, weil auf beiden Seiten nur Machtinteressen im Spiel waren. Letztlich gelang es Leo III., seine Position zu stärken, weil er Karl gewann. Zu bieten hatte er das Kaisertum. Mochten Pippin und Karl dem Willen des Papstes auch nur dann folgen, wenn es in ihre politischen Pläne passte - zur Legitimierung neuer Würden war ihnen der Nachfolger des Hl. Petrus stets willkommen.

Als Karl nach einer umfassenden Rundreise und einer Art Familienkonferenz im November des Jahres 800 in Rom erwartet wurde, zog ihm Leo III. bis zum 12. Meilenstein entgegen, als Zeichen dafür, dass dem ankommenden fränkischen König die protokollarischen Vorschriften für den Empfang eines Kaisers gewährt wurden. Bisher war Karl als *patricius romanorum*, als Schutzherr Roms, am ersten Meilenstein und nicht vom Papst selbst empfangen worden.

Schon vor seiner Krönung verhielt sich Karl wie ein Herrscher, indem er eine Synode nach Rom (am Sitz des Papstes!) einberief, wo die Vorwürfe gegen Leo III. erörtert wurden. Nach wochenlangen ergebnislosen Verhandlungen, entschloss sich der Papst schließlich zu einem Reinigungseid. Am 23. Dezember bestieg er die Kanzel der Peterskirche und erklärte feierlich, während er das Evangelium hochhielt, dass die gegen ihn erhobenen Vorwürfe gegenstandslos seien. Ein ohne formale Fehler gesprochener Eid bewies für die Zeitgenossen unzweifelhaft die Richtigkeit der beschworenen Aussage. Somit konnte in Rom wieder Ruhe einkehren.

Nach den Annalen der Abtei Lorsch beschloss das Konzil im Anschluss daran, „dass man Karl, den König der Franken, Kaiser nennen müsse". Begründet wurde dieser Beschluss damit, dass der *nomen imperatoris*, der Kaisername, bei den Byzantinern vakant sei, weil dort eine Frau die Regierungsgeschäfte führte. Dagegen hätte Gott „Rom, wo die Cäsaren immer zu residieren gepflegt haben, und die übrigen Kaiserresidenzen in Italien, Gallien und Germanien (...) in Karls Gewalt gegeben". Den Bitten der Versammlung habe sich Karl nicht verschließen können und am Weihnachtstag den Kaisertitel zusammen mit der Weihe durch den Papst empfangen.

Beginn der inneren Reform des Reiches

Der kaiserliche Titel bildete ab nun die symbolische Klammer für sein riesiges Reich, das er in zahlreichen Kriegen zum größten Reich in Westeuropa seit den Tagen des *Imperium Romanum* erweiterte.

Ob ihm die Einigung der heutigen Staaten Italien, Spanien, Deutschland, Österreich und Ungarn, tatsächlich ein übergeordnetes Ziel war, kann auf Grund der vorliegenden Dokumente nicht beantwortet werden. Seine innenpolitischen Maßnahmen lassen allerdings vermuten, dass er sich das imperiale Rom als Vorbild nahm.

Abb.:6 Aachener Dom: Königsthron

Schon 802 berief Karl eine Synode nach Aachen, wo alle kirchlichen Kanones[20] und Dekrete vorgelesen und nach Möglichkeit übersetzt wurden. Schon früher ließ er aus Rom die Kirchenrechtssammlung von Papst Hadrian anfordern, ebenso ein Sakramentar und ein Messbuch, das eine einheitliche Gottesdienstfeier ermöglichen sollte. Alle kirchlichen Schriften - einschließlich der Benedikts-Regel - ließ er in der Folge immer wieder kopieren und weitergeben. Alkuin, ein angelsächsischer Gelehrter, den Karl schon sehr früh an seinen Hof berufen hatte, redigierte den bereits vorliegenden fehlerhaften lateinischen Bibeltext; die korrigierte Fassung besaß im Reich dann sehr lange Geltung. Von Alkuin stammen auch

---

[20] **Kanones**: Heilige Schriften einer Religion

einfache Lehrbücher für den Schulgebrauch, worin angemessene Texte das Erlernen der lateinischen Sprache, sowie das Lesen und Schreiben maßgeblich erleichterten.

Am Beispiel Roms waren auch seine Kapitularien[21] orientiert, die schriftlich niedergelegt wurden. Einerseits sollten sie zur Stärkung seiner kaiserlichen Autorität dienen und andererseits das Regieren des Reiches erleichtern.

Als allgemeines Ziviles Recht wurde von Karl verkündet:

1. Leben nach den Zehn Geboten Gottes
2. Respektieren des königlichen Besitzes
3. Anerkennung der Schutzrechte des Königs über Kirchen, alle Schwachen, Witwen und Waisen
4. Gehorsam gegenüber kaiserlichen Befehlen.

Diese inhaltliche Mischung von staatlichen und privaten Interessen mag uns heute verwundern. Doch zu Karls Zeiten fehlten in dem riesigen territorialen Reich selbst rudimentäre staatliche Strukturen und die wenigen Einrichtungen, die in Gallien durch die Merowinger von den Römern übernommen und adaptiert wurden, verloren sich nach und nach aufgrund der internen Machtkämpfe des Königshauses.

Strukturell sollte das Reich, nach dem Vorbild der römischen Verwaltung, in seiner kleinsten Verwaltungseinheit in Gaue gefasst werden. Nach dem Vorbild des Römische *comes*, der für eine Stadt und die umliegenden Gebiete verantwortlich war, wurde ein Graf eingesetzt.

---

[21] Als **Kapitularien** bezeichnet man in der Rechtsgeschichte hoheitliche Anordnungen im Sinne von Gesetzen. Sie enthielten gesetzliche Bestimmungen zu Verwaltung und Rechtsprechung sowie in militärischen, kirchlichen und kulturellen Angelegenheiten. Sie waren schriftlich niedergelegt und in Mittellatein abgefasst.

Dieser hatte den Gerichtsvorsitz zu übernehmen und das Heeresaufgebot zu überwachen.

Für das Gerichtswesen wurde angeordnet, dass Ärmere und Schwächere nicht benachteiligt werden dürfen. Um Selbstjustiz und Blutrache einzudämmen, wurde das Sühnegeld als Sanktion für Straftaten eingeführt.

Als tragende und bleibende Strukturen erwiesen sich die kirchlichen und unter diesen, als kulturelle Einrichtungen hohen Ranges, die Klöster. Um die Grundausbildung der Kleriker zu fördern, wurden vom König an Bischofssitzen und in Klöstern Schulen errichtet und die Mönche angehalten, wichtige Bücher abzuschreiben und weiterzugeben. Die Texte wurden in klassischem Latein abgefasst, und dazu eine neue Schrift entwickelt, die karolingischen Minuskel.[22] (Abb.7)

---

[22] Im Königskloster Corbie entstanden, zeichnen sich die **karolingische Minuskel** durch Klarheit und Einfachheit des Schriftbildes aus. Aus ihr entwickelten sich über die gotischen Minuskeln die Kleinbuchstaben der deutschen Schriften und über die humanistischen die heutigen Kleinbuchstaben der lateinischen Schrift.

Schon Karlmann und Pippin hatten unter dem Einfluss von Bonifatius erkannt, dass geistliche und weltliche Funktionen der Bischöfe getrennt werden müssten. Doch blieben diesbezügliche Reformen im Ansatz stecken, weil die Herrscher die politische Unterstützung der Geistlichen brauchten. Entsprechend behutsam ging Karl vor, drängte aber darauf, dass die Bischöfe ihre seelsorglichen Aufgaben ernst nahmen: „Ihr vornehmliches Augenmerk hätten sie auf Seelsorge und auf den Klerus zu richten. Überall und in allem habe der Bischof nach dem Rechten zu sehen: Was die Priester lehrten, wie sie Gottesdienst feierten und ob sie sich des rechten Lebenswandels befleißigten. Seine Gemeinden sollte der Bischof regelmäßig visitieren, das Leben der dortigen Christen überprüfen und den Heranwachsenden die Firmung zu spenden."

Die Kontrolle der verantwortlichen Bischöfe sollte nach und nach Erzbischöfen überantwortet werden. In seinen Kapitularien *Admonitio generalis* ging Karl zwar von einer funktionierenden Metropolitanverfassung aus, doch übernahm er selbst die Einberufung von Synoden und ernannte Bischöfe und Äbte nach eigenem Belieben. Erst kurz vor seinem Tod und im Sinne seines Testamentes wurden im Reich einundzwanzig Metropolen, bzw. Erz-Sitze eingerichtet.

Die wahre Spitze der fränkischen Kirche war und blieb der König.

Durch Alkuin unterrichtet, sah sich Karl im Sinne des Kirchenlehrers Augustinus und mehr noch von Cyprian, zur *correctio* seiner Untertanen verpflichtet. Zu seinen Obliegenheiten gehörte unter anderem der Schutz der Kirchen, der Witwen und Waisen, der Kampf gegen Diebstahl und andere Verbrechen, die Sorge für die Armen, die Bestellung guter Räte und Amtsträger sowie die Bekämpfung des Aberglaubens.

Allerdings war die Ordnung im Frankenreich weitgehend geprägt durch eine erhebliche Diskrepanz zwischen Anspruch und Wirklichkeit. Nach modernen Schätzungen umfasste Karls Reich einen Raum von einer Million km², mit 180 Diözesen, 700 Abteien. Darin lagen 150 Pfalzen mit 25 ausgebauten Residenzen. Regierbar war dieses Reich wohl nur deshalb, weil die Erwartungen der Zeitgenossen an ein Staatswesen völlig anders gelagert waren als heute. Karl selbst war aber damit nicht zufrieden und versuchte seine Vorstellungen immer wieder durchzusetzen. Doch die Realität war stärker als seine Bemühungen. Noch 813, am Ende seiner Herrschaft, berief er fünf Synoden ein, die sich mit gravierenden Missständen zu befassen hatten.

Im Grunde scheiterte Karl an den Eigeninteressen der Adeligen, ein Problem das er wohl erkannte, dem er aber nicht wirkungsvoll begegnen konnte, da er auf diese Personengruppe bei der Verwaltung und Verteidigung seines Reiches angewiesen war. So kam es, dass nur wenige Maßnahmen Karls zur Ordnung seines Reiches Bestand hatten.

Karl und seine Beziehung zu Frauen

Obwohl sich Karl als Beschützer der Kirche sah und seinen Untertanen die Einhaltung der zehn Gebote per Kapitular ans Herz legte, hielt er sich selbst nur bedingt an die Vorschriften der Kirche, vor allem wenn es um das sechste Gebot ging. Karl war ursprünglich mit Himiltrud verheiratet und hatte von ihr einen Sohn, Pippin den Buckligen, der später gemeinsame Sache mit den Adeligen machte und sich von ihnen die Königswürde erhoffte. Nach der Aufdeckung der verräterischen Pläne ließ ihn Karl scheren und in Klosterhaft nehmen. Daraufhin trennte sich Karl von Himiltrud und heiratete die Tochter des Langobardenkönigs Desiderius. Der Papst protestierte zwar gegen die Eheschließung Karls, weil Karl schon verheiratet war, doch ohne Erfolg; ging es doch um Machtinteressen und Ruhe im Reich. Als sich das Blatt wendete, schickte Karl die langobardische Königstochter einfach zu ihrem Vater zurück und nahm Hildegard zur Frau, die mit Tassilo III., dem Bayernherzog nahe verwandt war. Diese Heirat war politisch am bedeutsamsten, da sie Karls Position östlich des Rheins wesentlich stärkte. Dazu kam, dass ihm Hildegard drei Söhne schenkte, die das Erwachsenenalter erreichten: Karl, Pippin und Ludwig. Nach dem Hinscheiden von Hildegard bei der Geburt einer Tochter, heiratete Karl noch im selben Jahr Fastrada, eine Tochter des ostfränkischen Grafen Radulf, die zu großem politischen Einfluss kam. Nach ihrem Tod 794 nahm Karl die Luitgard, eine Alemannin, zur Frau. Auch diese starb bald, und zwar im Juni des Jahres von Karls Kaiserkrönung.

Danach schloss Karl keine Ehe mehr, umgab sich aber mit Konkubinen. Die Stelle einer Königin nahmen seine Töchter ein, die er alle in Aachen in der Königspfalz um sich scharte. Zweifellos liebte er sie nicht so sehr, um sie alle in seiner Munt[23] zu behalten, wie uns die Biographen glauben lassen wollen, sondern fürchtete mehr die Ansprüche der zukünftigen Ehemänner seiner Töchter. Und so übernahmen sie die Pflichten der Königin im Kollektiv. Die Königstöchter standen der königlichen Hofhaltung vor und waren an der Entscheidung beteiligt, wo der Hof Station machte. Sie waren verantwortlich für die Schatzkammer und kontrollierten damit ein wichtiges Herrschaftsinstrument. Bei Abwesenheit des Herrschers vertraten sie ihn auch in der Regel, wobei sie engen Kontakt miteinander hielten und dafür sorgten, dass auch in

---

[23] **Munt** bzw. Muntgewalt (von lat. mundium) bedeutet „(Rechts)schutz, Schirm, Vormundschaft" und ist ein zentraler Begriff im Personenrecht des Mittelalters. Es bezeichnet die „Gewalt eines Muntherrn über einen spezifischen Personenkreis der Hausgemeinschaft".

seiner Abwesenheit am Hof alles reibungslos funktionierte.

Regelung der Nachfolge

Karl ordnete schon zu seinen frühen Lebzeiten seine Nachfolge - ein Bemühen, das er mit vielen erfolgreichen Herrschern gemeinsam hatte - die ihre Machtansprüche über den Tod hinaus zementieren wollten: Falls einer seiner Söhne starb, sollte dessen Teilreich gleichmäßig auf seine Brüder aufgeteilt werden.

Abb. 8: Aachen: Karlsbüste in der Aachener Domschatzkammer

Den Winter 813/814 verbrachte der Kaiser in Aachen. Im November sah man ihn noch in der Nähe seiner Lieblingspfalz jagen. Im Jänner wurde er von einem heftigen Fieber ergriffen, das er mit Fasten zu bezwingen suchte. Am Morgen des 28. Jänner 814, am siebenten Tag seiner Krankheit, starb Kaiser Karl I. im Alter von 66 Jahren. Noch am selben Tag wurde er in der Marienkirche zu Aachen bestattet.

Mit Karl dem Großen begann ein Prozess, der sich bis heute - trotz furchtbarer Unterbrechungen - in Europa fortsetzt. Wenn wir heute in Europa auf unsere humanistische Gesinnung stolz sind, dann denkt kaum jemand daran, dass diese in der Ethik des Christentums begründet ist. Wir haben weitgehend vergessen, dass die ersten Schulen in Klöstern und in Stadt-Pfarren eingerichtet wurden, Jahrhunderte bevor es öffentliche Schulen gab. Auch die ersten Universitäten waren kirchliche Einrichtungen, wo nach und nach die theologischen Grundlagen für ein ursprünglich „Deozentrisches Weltbild" erarbeitet wurden, das heute durch die Erkenntnisse der Naturwissenschaft weitgehend ersetzt und in Frage gestellt wird.

Mit weiser Einsicht erkannte Karl die Bedeutung der christlichen Grundsätze für das gesellschaftliche Zusammenleben und machte sie zur Grundlage seiner Kapitularien, die unter anderem den Schutz des Schwächeren – als revolutionäre Neuerung – einforderten. Durch kluge innenpolitische Entscheidungen erwarb er sich die Achtung der päpstlichen Leitung in Rom, die ihm auch dann freie Hand ließ, wenn es um strukturelle Entscheidungen in Bezug auf die Kirche ging. Das betraf vor allem die Gründung von neuen Bistümern und die Einberufung von Synoden, die sich mit gravierenden Missständen zu befassen hatten, weil die Großen seines Reiches den christlichen Grundsätzen nichts abgewinnen konnten und erbitterten Widerstand leisteten.

Erfüllt von seiner Rolle als Herrscher, erkannte Karl der Große die Bedeutung der christlichen Grundsätze. Sein privates Leben lässt allerdings Zweifel aufkommen, ob er für sich selbst dieselben Grundsätze gelten ließ, wie seine „Frauengeschichten" und die Art, wie er Tassilo III. entmachtete, aufzeigen. Inwieweit Karl das innere Wesen des Christentums verstanden hatte? Diese Frage muss offenbleiben.

Auf Karl den Großen folgte 814 Ludwig der Fromme als Kaiser, da Karls ältere Söhne Karl der Jüngere und Pippin von Italien, bereits vor Karl gestorben waren. Noch zu Lebzeiten Ludwigs des Frommen erhoben sich dessen Söhne Lothar I., Ludwig II., Pippin und Karl II., der Kahle, in verschiedenen Koalitionen gegen ihren Vater und bekämpften einander, wobei der Rang des Kaisers, den Lothar seit 817 als Mitkaiser seines Vaters innehatte, aber nie in Frage stand. 843 einigten sich die drei übrig gebliebenen Brüder Lothar I., Ludwig II. und Karl II. im Vertrag von Verdun auf eine Teilung der Herrschaft, jedoch nicht des Reiches.

Abb. 9: Die Teilung des Frankenreiches

Nachdem Lothars Söhne ohne Erben gestorben waren, wurde die Herrschaft im Vertrag von Meerssen 870 zwischen Karl II. und Ludwig II. erneut geteilt. Kurzfristig konnte Karl III., der Dicke, König von Ostfranken, 885 beide Teile Frankens vereinigen. Als Kaiser folgten ihm Arnulf von Kärnten und Ludwig III. der Blinde. Danach erloschen die Karolinger als Kaisergeschlecht.

Der Vertrag von Verdun 843 kann als der Ausgangspunkt der Entstehung Frankreichs und Deutschlands betrachtet werden. Mit den Teilungen und dem Vertrag von Coulaines im westlichen Frankenreich ging ein Machtzuwachs des fränkischen Adels Hand in Hand, der stets versuchte, Teilungspläne zu seinen Gunsten zu beeinflussen. Die Karolinger prägten nicht nur das Angesicht Europas, sondern begründeten durch ihre Herrschaft auch die föderative und dezentrale Verfassung auf dem Gebiet des späteren Deutschlands.

Nach dem Tod seines Vaters war der Frankenherzog Konrad[24], zum beherrschenden weltlichen Berater am Königshof Ludwigs des Kindes aufgestiegen. Nachdem Ludwig das Kind am 24. September 911 gestorben war, wählten Sachsen, Alemannen und Bayern den Franken Konrad in Forchheim zum König. Mit dieser Entscheidung von Forchheim stellten sich die Großen und der neue König in die ostfränkische Reichstradition.

Im Westfrankenreich waren noch bis 987 Karolinger an der Macht, dann wurden sie von den Kapetingern abgelöst.

---

[24] **Konrad von Franken**: (881 bis 918) war seit 906 Herzog von Franken und von 911 bis 918 König des Ostfrankenreiches. Konrads Herrschaft bildete den Übergang von den Karolingern zu den Ottonen, da es ihm nicht gelang, eine neue Königsdynastie zu begründen. Er führte die Herrschaftspraxis der Karolinger fort.

Ansgar
(801–865)

Ansgar trug einen feurigen und hochbegabten Geist in einem schwachen und zart gebauten Körper. Sein Leben lang war er kränklich, nahm aber keine Rücksicht darauf. Die Entbehrungen des Berufes, die unsäglichen Mühen seiner apostolischen Wanderschaft in Skandinavien genügten seinem Wunsch nach körperlicher Abtötung nicht. Als Bischof hat er seine klösterliche Lebensweise noch verschärft und Tag und Nacht ein Bußhemd getragen, auch nahm er nur die notwendigste Speise zu sich. Am gemeinsamen Tisch ließ er zwar Wein aufstellen, um nicht in den Ruf eines strengen Asketen zu kommen – aber auch diesen ließ er mit Wasser vermischen.[25]

Wir lesen eine Beschreibung dieser Art nicht das erste Mal, obwohl sie von Rembert, seinem treusten Schüler und Nachfolger kurz nach Ansgars Tod verfasst wurde. Ähnliches wurde schon über Papst Gregor dem Großen berichtet und eine Lebensform dieser Art, wird uns im Zuge der Heiligengeschichte immer wieder begegnen.

Jugend und Ausbildung

„Doch wer war dieser Ansgar überhaupt?" könnte man zuerst einmal fragen. Von diesem Heiligen hat man kaum etwas gehört, obwohl er sicherlich zu den maßgebenden Missionaren Europas gehörte.

Ansgar ist 801 in der Pirkadie als Sohn eines fränkischen Adeligen oder angesehenen Bürgers geboren. Mit fünf Jahren verlor er seine Mutter und wurde von seinem Vater dem damals sehr bedeutenden Kloster Corbie in der Nähe von Amies übergeben, „damit der Knabe die Wissenschaft erlerne", was damals nur in Klöstern möglich war. Zwar hatte im Sprengel Orléans der Bischof die

---

[25] Konrad Kirch, Ansgar In: Helden des Christentums II. Leuchten in dunkler Zeit; 2. Auflage - Paderborn 1933

Weisung erlassen, „die Presbyter sollen in Städten und Dörfern Schule halten". Doch war hier der Lehrplan auf das Erlernen des Psalteriums[26] und des Vaterunsers beschränkt, die lediglich auswendig gelernt wurden, weil kein Unterrichtsmaterial zur Verfügung stand, sondern nur das gesprochene Wort.

In den Klosterschulen wurde im Elementarunterricht zwar auch nur nach dem Psalterium auswendig gelernt, doch gab es später einige leichter verständliche Lehrbücher, die aus der Feder von Kirchenvätern oder pädagogisch interessierten Lehrern, wie Alkuin[27] stammten. Auch standen den Schülern Schreibtäfelchen zur Verfügung, wo sie einzelne Worte notieren konnten und auf diese Weise schreiben lernten. Dazu kam in der Klosterschule das Studium des Kalenders und der dafür erforderlichen Übungen im Rechnen. Da die Psalmen nicht nur rezitiert, sondern auch gesungen wurden, und die melodische Bewegung nur durch Punkte und Akzente über den Texten festgehalten werden konnte, mussten die Schüler mit gespannter Aufmerksamkeit zuhören, wenn der Vorsänger die Melodien sang: „Ohr und Gedächtnis hatten dabei zu ersetzen, was das Auge bei der dürftigen Notenschrift nicht zu leisten vermochte."

Dass Ansgar ein Kind besonderer Gnade war, lässt sich unschwer aus den Träumen ablesen, die er seinem

---

[26] **Psalterium:** Sammlung der Psalmen im Alten Testament

[27] **Alkuin** (735-804) war ein bedeutender Vermittler der lateinischen Bildung, die in England und Irland durch die Zeit der Völkerwanderung hindurch gerettet werden konnte. Er wirkte im Frankenreich als Lehrer, der zahlreiche Schüler, darunter Hrabanus Maurus und Karl den Großen selbst, unterrichtete. Er gilt als einer der Begründer der Karolingischen Renaissance und ist mitverantwortlich für die Verbreitung der karolingischen Minuskeln, einer aus Kleinbuchstaben bestehenden Schrift, die vom 9. bis in das 12. Jahrhundert im Gebrauch war und aufgrund ihrer Wiederbelebung durch die Humanisten als Vorbild für die heute verwendeten Kleinbuchstaben gilt.

engsten Mitarbeiter und Biographen Rembert als Erwachsener anvertraute. So wurde er als Kind von einem Traum erschüttert, in dem er sich in einem sumpfigen Gelände befand und sich abmühte, aus Kot und Schmutz herauszukommen. An der Seite sah er einen Weg, wo eine schön geschmückte Frau in Begleitung von anderen Frauen dahin schritt. Unter den Frauen meinte er auch seine verstorbene Mutter zu sehen. Ansgar wollte zu ihr hin, doch konnte er sich aus dem Unrat nicht befreien. Als sich die Frauen näherten, sprach die Herrin, die er für die heilige Maria hielt:

„Willst du zu uns kommen?" Er antwortete mit einem sehnsuchtsvollen: „Ja!" Darauf entgegnete sie: „Willst du unserer Gemeinschaft teilhaftig sein, so musst du alles eitle Tun fliehen und von den bubenhaften Streichen ablassen und auf einen ernsten Lebenswandel achtgeben. Denn alles, was unnütz und eitel ist, verabscheuen wir gar sehr, und jeder, der an dergleichen Dingen seine Freude hat, kann in unserer Gesellschaft nicht verweilen!" (Kirch: Ansgar)

Dieser Traum beeindruckte den Kleinen so sehr, dass er sich mit mehr Ernst und Gewissenhaftigkeit seinen Aufgaben widmete und auffallend verantwortungsbewusst wurde.

Nach dem Studium der Psalmen und der Überwindung der ersten Schwierigkeiten, begann das Studium der *Freien Künste*. Darunter verstand man sieben Stufen, auf denen der Schüler zur Freiheit des Geistes emporsteigen und sich dabei von Unwissenheit und Unmündigkeit befreien sollte. Im Grunde ein sehr humanistischer Ansatz vom Wert des Wissens im Vergleich zu heute, wo die Mehrheit der jungen Leute studiert, um ihre Berufsaussichten zu verbessern. Darüber hinaus sollten die sieben Freien Künste zu einer Stufenleiter im höheren Sinn werden und zur „sittlichen Höhe führen, wo der Sinn frei wird für die herrliche Aussicht über das Hochland der Theologie".

Ein Anspruch, den letztlich alle erfüllen mussten, die in den Klöstern studierten, egal ob sie in Zukunft als Kleriker oder als Fürsten dem Volk dienen würden.

Meiner Meinung nach hatte das frühe Mittelalter für Europa die Chance eröffnet, wirklich christlich zu werden. Doch Europa hat „nicht gewollt". So wie einst Jesus klagte, „… Jerusalem, Jerusalem, du tötest die Propheten und steinigst die Boten, die zu dir gesandt sind. Wie oft wollte ich deine Kinder um mich sammeln, so wie eine Henne ihre Küken unter ihre Flügel nimmt; aber ihr habt nicht gewollt. Darum wird euer Haus von Gott verlassen." (Mt 37,38). Eine ähnliche Klage könnte man auch über Europa führen, das auch nicht gewollt hat und in die blutigen Wirren des 30jährigen Krieges, der Französische Revolution, der napoleonischen Kriege und schließlich in die Katastrophen des Ersten und Zweiten Weltkriegs hineingeschlittert ist, wo im Bombenhagel unschätzbare Werte der geistigen und kulturellen Entwicklung Europas untergegangen sind.

Mittelalterliche Geistesgeschichte

Die erste der sieben freien Künste war die *Grammatik*. Sie führte den jungen Studenten zunächst in das Verständnis der lateinischen Sprache ein. Als Lehrbuch diente die „Ars grammatica", ein Buch, das schon Hieronymus benutzt haben soll. Dieses Lehrbuch war jedem mittelalterlichen Lateinschüler bekannt und ist bis heute in vielen Stiftsbibliotheken erhalten. Von Alkuin wird es „der Schmuck der lateinischen Beredsamkeit" genannt, doch enthielt es sicher für viele Schüler mehr Qual als Freude. Das Studium der Grammatik begleitete die gesamte Zeit des Studiums, wobei unter Grammatik alles verstanden wurde, was mit Sprache zu tun hatte. Es ging dabei nicht nur um den korrekten Gebrauch der lateinischen Sprache, sondern auch um Erklärung und Interpretation von Dichtungen und Geschichtswerken.

Im Grunde entsprach die Grammatik einem Studienzweig, den man heute unter „Klassischer Philologie" versteht.

Das Studienprogramm reichte von den klassischen Dichtern Virgil und Ovid, bis zu dem christlichen spanischen Poeten Prudentius. Von den Prosaschriftstellern las man vor allem Seneca und Sallust, Gregor den Großen, Augustinus und Hieronymus. Als Hilfsmittel dienten Auswahlausgaben aus den Werken der Väter und Klassiker, sowie Glossarien als eine Art Wörterbuch. Anhand der alten Dichter sollten die Schüler nicht nur Freude am Vers und an der schönen Sprache haben, sondern auch fähig werden, selbst einige lateinische Verse zu „schmieden". Die zweite der freien Künste, die *Rhetorik*, sollte in die politische Sprache einführen und eine Ausbildung in der korrekten Amtssprache bieten, um Geschäftsbriefe, amtliche Schreiben und Urkunden anzufertigen. Die letzte der freien Künste im Trivium der Unterstufe war die *Dialektik*. Sie lehrte die Kunst, Begriffe zu bestimmen, zu unterscheiden, zu beweisen und zu diskutieren. Hrabanus Maurus[28] nannte sie jene höchste Kunst, die das Lehren und das Lernen lehrte und von den Klerikern bis zum Ende ihrer Tage geübt werden müsste.

Ob die Schulung dieser Kunst auch unseren heutigen Priestern anzuraten wäre? Übung im Diskutieren und Argumentieren wäre mehr als hilfreich im Gespräch mit den modernen Agnostikern, wenn sie oft nur Allgemeinplätze von sich geben. Die vorgefasste Meinung der Halbwissenden zu zergliedern und dialektisch zu hinterfragen... Das wäre schon ein wichtiger Beitrag zur modernen Mission!

---

[28] **Hrabanus Maurus** war Abt des Klosters Fulda und Mainzer Erzbischof. Als Gelehrter, Abt und Erzbischof gehört er zu den bedeutenden Gestalten der Karolingische Renaissance, der Umbruchzeit des 9. Jahrhunderts.

Die Pfarrer sind durch praktische Pflichten überlastet? Aber wäre nicht gerade die geistige Tätigkeit ein Weg aus dem von Langeweile bedrohten alltäglichen Dienst? Und gewinnt nicht auch die Pfarrgemeinde von jedem neuen Gedanken und jeder begeisterten Überlegung ihres Priesters, zusätzliche Nahrung? Fragen über Fragen, deren Antwort schon Meister Hrabanus vorweggenommen hat.

Die Stufe des *Quadriviums* umfasste die Fächer Arithmetik, Geometrie, Astronomie und Musik. Im Allgemeinen fanden die Studien des Quadriviums nicht die gleiche Beachtung und Pflege wie die sprachlichen Fächer: erstens gab es kaum Unterrichtsmaterial für naturwissenschaftliche Inhalte und zweitens war und blieb das Studium der Hl. Schrift das Zentrum der Ausbildung.

Die religiöse Unterweisung, die Erforschung der höchsten Wahrheit, die Erkenntnis und Liebe Gottes waren das Ziel, worauf die Unterrichtswege hinausliefen. Sie bildete den Mittelpunkt, die Kreuzblume, die ihnen, hineinragend in die Wolken des Himmels, Vollendung und krönenden Abschluss verlieh. Ansgar folgte ganz der Überlieferung seiner Zeit, wenn er sich mehr und mehr bemühte, in den Sinn der Heiligen Schrift einzudringen. Daneben hatte er sich auch im Predigen zu üben, sich mit Dogmatik und Kirchenrecht vertraut zu machen, und zwar alles wie es im damaligen Rahmen möglich war. Unter dem erzieherischen Einfluss der Studien und des benediktinischen Lebens war Ansgar zu einem hochgebildeten jungen Mann herangereift, dessen freundliches und heiteres Wesen die Menschen seiner Umgebung sympathisch berührte.

Während seines Studiums in Corbie begegnete Ansgar immer wieder jungen sächsischen Adeligen. Schon ihr Äußeres zeugte von ihrer hohen Abstammung. Am Ende der Sachsenkriege waren sie dem Kloster als Geiseln übergeben worden. Sie wurden dorthin geschickt, um mit dem Christentum auch die Wissenschaften zu erlernen. Doch war die Geiselhaft für sie nur schwer erträglich. Am liebsten wären sie geflohen.

Allmählich aber entstand durch die Güte und Freundlichkeit, mit der man ihnen im Kloster begegnete und durch die liebevolle Rücksicht, womit ihnen der Abt entgegenkam, ein Gegengewicht zu ihrer anfänglichen Verzweiflung. Auch trug der Umgang mit den vielen Altersgenossen nicht wenig dazu bei, ihr Los erträglicher zu machen.

Einer von ihnen war Ansgar. Angezogen vom Leid der unfreiwilligen Studenten, hörte er ihnen gerne zu, wenn sie vom Leben in ihrer Heimat berichteten und sich ihre Götter - und Heldensagen erzählten, um einander zu trösten. Und vielleicht entstand damals schon seine Sehnsucht, zu ihrer unbekannten Heimat aufzubrechen, um den Menschen dort von seinem geliebten Herrn und Meister zu erzählen. Auch wird er später ein ernstzunehmender Chronist von germanischen Sitten und Gebräuchen werden, die bis heute Beachtung verdienen.

Ansgar, als Lehrer der Externen

Doch noch lebte Ansgar in Corbie und bekam nach Abschluss seiner Studien die Aufgabe, an der *schola extensior* des Klosters zu lehren. An dieser Schule wurden Knaben unterrichtet, die nicht im Kloster lebten, sondern aus der Umgebung anreisten. Der Lehrplan der Schule war dem der *schola interior* gleich, doch wie jeder Lehrer weiß, ist kaum eine Klasse wie die andere. Was bei den einen wunderbar funktioniert, kann bei anderen zur steinigen Wegstrecke werden. Diese Erfahrung blieb Ansgar sicher auch nicht erspart. Doch schlug er sich so tapfer, dass man den erfolgreichen jungen Lehrer mit der Schulleitung in der neuen Niederlassung in Neu Corvey, in Westfalen, betraute. Hier sollte er unterrichten und Volkspredigten halten. Doch leicht wurde ihm die

Aufgabe nicht gemacht. Waren die Schüler doch noch sehr ungezähmte und wilde Kerle. Das ging so weit, dass ein Schüler Ansgars von einem Kameraden mit der Schultafel so misshandelt wurde, dass er an den Verletzungen starb.

Abb. 10: Der Schulmeister von Esslingen (Manesse Handschrift 14. Jh.)

Was den Externen wahrscheinlich immer wieder Grund zum Staunen gab, war die Beobachtung, dass Ansgar auf jedem Weg zur Schule und zurück, in die Kapelle am Weg eintrat und sich beim Heiland Rat und Hilfe holte. Unverständlich und faszinierend gleichzeitig, das Verhalten von Ansgar, damals wie heute?

Wahrscheinlich fühlte sich Ansgar in seiner Lehrerrolle wohl; aber im Grunde seines Herzens wollte er aufbrechen und das Evangelium predigen, am besten dort, wo noch das Heidentum zu Hause war. Der Abt kannte die Sehnsucht des jungen Paters, und nur auf diesem Hintergrund lässt sich begreifen, dass er diesen jungen unerfahrenen Mann dem neugetauften König Harald von Dänemark als geistlichen Begleiter mitschickte.

Es war ein Großereignis ersten Ranges, als in der Kaiserpfalz Ingelheim Haralds Taufe vorbereitet wurde. Das festliche Ereignis selbst fand in der St. Albanskirche bei Mainz statt, wo der Dänenkönig mit seiner Familie und seinem Gefolge dem Christengott Referenz erweisen wollte. Kaiser Ludwig der Fromme[29] selbst war Taufpate und legte Harald das weiße Taufkleid an. Ludwigs Gemahlin vertrat Patenstelle an Haralds Gattin, der Kronprinz Lothar an dessen Sohn Göttrik, während die Hofbeamten des Kaisers Taufpaten für die Begleitung des Königs wurden.

---

[29] **Ludwig I.** (778–840) war König des Fränkischen Reiches (781–814) und Kaiser (813–840). Er war Sohn und Nachfolger Karls des Großen und führte dessen Reformpolitik zunächst erfolgreich weiter. In Auseinandersetzungen mit seinen eigenen Söhnen zweimal vorübergehend abgesetzt (830, 833/34), gelang es ihm nicht, ein überlebensfähiges fränkisches Großreich zu schaffen. Drei Jahre nach seinem Tod wurde das Frankenreich im Vertrag von Verdun (843) aufgeteilt.

Ansgar als Missionar in Dänemark

Ludwig dachte daran, den Dänen einen Priester in die Heimat mitzugeben. Aber keiner unter den Hofgeistlichen konnte sich für dieses schwere Amt erwärmen. In diesem Augenblick erinnerte sich Wala, der Abt von Corbie, an Ansgar, der so gerne als Missionar wirken wollte. Daher schickte man nach dem jungen Mönch, der sich sofort bereit erklärte, diese Aufgabe zu übernehmen. „Es ist ein schweres Opfer, das du da bringst!" sagte Wala noch vor dem Kaiser. „Ich verpflichte dich nicht dazu, wenn du aber freiwillig gehst, so ist es mir recht. Du ziehst mit meinem Wohlwollen und Segen!"

Am Hof von Ludwig bildete Ansgars Vorhaben bald das Tagesgespräch. Was wollte der sensible, kränkliche Ordensmann bei diesem unberechenbaren Volk? Da betete man ja noch zu Odin und Thor! Da vertrat Blutrache und Zweikampf die Stelle von Recht und Gesetz, und an großen Götterfesten rötete noch Menschenblut den Altar. Einigen der Bekannten Ansgars schien sein Beginnen so tollkühn, dass sie nur Spott und Vorwürfe für ihn übrighatten. Auch seine Brüder in Corbie und Corvey werden sich ihre Gedanken gemacht haben. Der Einzige, der darin kein besonderes Problem sah, war Ansgar selbst.

Um den Bedenken der Anderen ehrlich zu begegnen, zog er sich in ein Landhaus in einem nahen Weinberg zurück, um seine Berufung zu prüfen und seine inneren Schwierigkeiten allein mit seinem Gott durchzukämpfen. Dort fand ihn eines Tages sein Mitbruder Autbert, der mit Wala von Corbie nach Ingelheim gekommen war. „Ich kann nicht zulassen", sprach jener, „dass du allein gehst. Ich will aus Liebe zu Gott mit dir ziehen, wenn der Abt die Erlaubnis dazu gibt."

Ansgar freute sich sehr über diese unerwartete Hilfe. Der Abt willigte ein, und sie machten sich zu zweit auf den Weg, so wie es in der Heiligen Schrift auch von den Aposteln berichtet wird. (Mk 6,7)

Von Kaiser Ludwig mit Zelten, Kirchengerät und anderen Hilfsmitteln ausgerüstet, fuhren die beiden Glaubensbrüder mit König Harald und seinen Mannen den Rhein hinunter. Ihre Lage war aber keineswegs beneidenswert. Ja, wenn Harald der einzige und rechtmäßige Herrscher von Dänemark gewesen wäre. Aber Harald hatte mächtige Nebenbuhler, die Söhne Göttriks, der gegen Karl dem Großen ins Feld gezogen war, um selber in Aachen einzuziehen. Was sollte aus der Mission werden, wenn die Söhne Göttriks Harald vertreiben würden? Er und auch der Kaiser rechneten durchaus mit dieser Möglichkeit.

Die Unterbringung auf den offenen Drachenbooten ohne Deck und Kajüte war für die beiden Missionare zweifellos ein markiger Beginn ihres missionarischen Lebens. König Harald hatte es nicht für notwendig befunden, die beiden auf sein eigenes Schiff zu nehmen. So blieben sie zunächst schutzlos den rauen Späßen der Ruderknechte ausgeliefert. Als man in Köln anlegte, und der Erzbischof die missliche Lage der beiden Glaubensboten begriffen hatte, überließ er den beiden ein Boot mit zwei Kajüten, um sie angemessen reisen zu lassen. Das Boot mit den zwei Kajüten gefiel Harald so gut, dass er es für sich beanspruchte und nun im Boot der beiden Missionare den Rhein hinauffuhr. Ein Gutes hatte dieses Arrangement - der König und die Priester lernten einander besser kennen und letztere wurden auch von der Mannschaft mehr geachtet.

In Jütland angekommen, begannen Ansgar und Autbert mit ihrer missionarischen Arbeit. Wie sie das anstellten, wird mir immer ein Rätsel bleiben, es sei denn, dass Harald die Getauften zum Gottesdienst schickte und sich so langsam ein gewisses Verständnis entwickelte, und auch wirkliche Bekehrungen möglich wurden. Zu Beginn ihres Wirkens gründeten die beiden eine Schule, wo Angehörige der Königssippe unterrichtet wurden. Mehr als zwölf Schüler fanden sich allerdings nicht.

Zwei Jahre Tätigkeit war ihnen in Jütland vergönnt bis Harald von den Göttrikssöhnen vertrieben wurde und mit ihnen die beiden Patres.

Autbert kam todkrank nach Corvey zurück. Die Entbehrungen und Leiden unter den Normannen hatten seine Kräfte aufgezehrt. Schon im nächsten Jahr starb er zu Ostern als erstes Opfer dieser Mission.

Missionar in Schweden

Durch die Vertreibung aus Jütland war Ansgar für neue apostolische Arbeit frei geworden. Und diese ließ nicht lange auf sich warten. Während er sich in Corvey noch „ausruhte", rief man ihn zum Reichstag in Worms. Eine schwedische Gesandtschaft aus Birka, dem Stockholm der Wikingerzeit, war eingetroffen und bat um christliche Missionare. Gerne entsprach Ansgar dem Wunsch des Kaisers und machte sich mit einem Mitbruder namens Witmar zur Reise übers Meer bereit. "Ein stürmisches Meer. Hat man auch günstigen Wind, so ist es kaum möglich, den Seeräubern zu entkommen", so erlebte ein Reisender die Ostsee noch zweihundert Jahre später.

Abb. 11: Transport von Pferden zu Schiff: Bildteppich von Bayeux

Und so sollten es auch die beiden Priester kennen lernen. Ihr Schiff wurde von Seeräubern gekapert und damit gingen alle Geschenke des Kaisers für den Schwedenkönig und etwa vierzig Bücher verloren. Doch Ansgar gab nicht auf, sondern schlug sich mit einer kleinen Gruppe von Kaufleuten Richtung Mälarsee durch. Dass sie die lange Wanderung durch die Wälder Südschwedens überlebten, verdankten sie zweifellos nur der Gastfreundschaft der Bewohner, die ihre Ehre darin sahen, den Fremden Herberge und Schutz zu geben. Diese Haltung wog zweifellos viele ihrer negativen Eigenschaften auf, die – wir würden sagen – auf einer fast unbewussten Wildheit und Rücksichtslosigkeit beruhten. Dazu kam noch die geistige Unterstützung durch die Religion, die jeden Krieger, der im Kampf gefallen war, unmittelbar in den Himmel versetzte. Ob Pirat, Krieger oder Jäger, alle standen im Kampfgetümmel und gewannen durch Mut und Tapferkeit eine einmalige Chance, ihr Leben zu den Höhen des Himmels zu steigern.[30] Wie sollte dies mit dem Christentum zusammengehen?

Ansgar und sein Begleiter hatten die praktischen Folgen dieser Lebenshaltung am eigenen Leib gespürt, doch mutig – und vielleicht noch mutiger, als die normannischen Krieger – begaben sie sich mitten in diese fremde und abweisende Welt. In Birka, einer Stadt im Mälarsee, gab es christliche Gefangene, die von den Wikingern hierher verschleppt worden waren. Ohne Priester, ohne Heilige Messe waren sie sich selbst überlassen und blieben trotzdem ihrem Glauben treu. Sie waren wohl überglücklich, die beiden Missionare bei sich zu haben. Eineinhalb Jahre harte Arbeit war den Missionaren gegönnt, um hier die ersten Samenkörner des Christentums unter die Heiden zu streuen.

---

[30] Siehe **„Kurzer Abriss der Religion der germanischen Stämme"** im Anhang.

Mittlerweile machte man sich auch am Kaiserhof Gedanken über eine wirksame Missionierung der nordischen Völker. Daher entschloss man sich in Hamburg, also noch im Frankenreich, ein Erzbistum zu schaffen, das für die nordische Mission zum Stützpunkt werden sollte. Schon im Herbst 831 wurde Ansgar zum Bischof geweiht und anschließend nach Rom geschickt. Am Grab des Apostelfürsten erhielt er aus der Hand Gregors IV. Bestätigungsbulle, Pallium und den Segen des Papstes für die junge Gemeinde im Norden.

Bischof in Hamburg

Die Erhebung von Ansgar zum Erzbischof wies diesem eine außerordentlich schwere Aufgabe zu. Sein Bistum, Hamburg mit Holstein und Mecklenburg, auf der Grenzscheide zwischen dem von politischen Wirren zerrissenen Frankenreich und einer immer stärker drohenden heidnischen Macht, war kein freundlicher Boden. Auch war die junge Kirche in Hamburg arm, so bitter arm, dass ihr Kaiser Ludwig das Kloster Turholt in Flandern als Rückhalt schenkte. Doch Ansgar ließ sich nicht entmutigen und gründete eine Schule in der Hoffnung auf die Zukunft. Doch diesmal blieb er nicht allein, sondern erhielt Lehrkräfte aus dem Kloster Corbie, die ihm beim Unterrichten helfen sollten. Predigt und Schultätigkeit wechselten nun mit Missionsreisen durch den bischöflichen Sprengel.

Doch die politische Welt bedrängte sehr bald die junge Gründung. Karl der Kahle[31], dem das Kloster Turholt

---

[31] **Karl der Kahle** (823–877) war der jüngste Sohn Ludwigs des Frommen aus dessen Ehe mit Judith. Ein ihm gewidmetes Gedicht des zeitgenössischen Mönchs Hugbert vom St. Amans, *De laude calvorum* (Vom Lob der Kahlköpfe) könnte ein Hinweis auf die tatsächliche Kahlköpfigkeit Karls sein. Nach dem Tod des Bruders Pippin wurde Karl der Kahle Unterkönig von Neustrien. Das Gebiet entspricht heute dem nördlichen Frankreich.

nach der Reichsteilung von Verdun zugesprochen wurde, schenkte es seinem Günstling Raginar, der Ansgars dänische und slawische Schüler als Leibeigene zu persönlichen Diensten einsetzte. Kirche und Schule in Hamburg verarmten, und ein großer Teil der Mitarbeiter des Erzbischofs verließ das Kampffeld.

In Dänemark herrschte damals der Göttriksenkel Horich (813-854), der 845 einen dreifachen Angriff auf das durch Bruderkriege geschwächte Frankenreich verübte. Sein Heerführer Lodbrock fuhr mit 120 Schiffen die Seine hinab und verwüstete Paris. Gleichzeitig unternahmen die Wikinger einen Angriff auf die Friesischen Inseln. Horich selbst segelte mit 600 Wikingdrachen gegen Hamburg. Der Überraschungsangriff gelang, und Ansgar musste fliehen, während hinter ihm Kirche, Kloster und Bibliothek in Flammen aufgingen.

Die unermüdliche Piraterie der nordischen Stämme, die in Hamburg über Ansgar und seine Leute so großes Leid brachten, war neben der Gier nach leicht errungener Beute, nicht zuletzt auch eine Folge ihrer Religion. Mit leeren Händen zu Odin zu kommen war nach ihrem Glauben nicht ratsam, außer man war im Gefolge eines Königs in blutiger Schlacht gefallen. Mit großem Besitztum in Walhalla anzukommen sicherte dem Verstorbenen Ehre und Anerkennung. Ein aus ihrer Sicht maßgeblicher Grund, um auf Plünderung und Raub auszuziehen, besonders dort, wo es nahezu gefahrlos war, wie bei der Eroberung und Brandschatzung von Hamburg im Jahre 854, womit Ansgar der härteste Schlag seiner Laufbahn traf. Die Stadt wurde eine Beute der Dänen; die wehrhaften Männer wurden erschlagen, die anderen als Gefangene weggeführt. Die Stadt selbst wurde ein Raub der Flammen.

Ansgar entkam im letzten Moment in einem kleinen Boot. Die Hoffnung, mit einigen seiner Getreuen in Bremen eine Zuflucht zu finden, erwies sich als trügerisch, weil der dortige Bischof sie hart und bestimmt zurückwies. Ansgar stand buchstäblich vor dem Nichts. Alles schien zu Ende zu sein. Die Mitbrüder, die mit Ansgar geflohen waren, hörten ihn immer wieder beten:

„Der Herr hat es gegeben, der Herr hat es genommen. Der Name des Herrn sei gebenedeit." (Joh 1,21)

Ansgar hielt sich an diesem Satz fest, wie ein Ertrinkender an einer Holzplanke. Er hatte alles verloren und konnte nur mehr in seiner Ergebenheit in den Willen Gottes den Trost finden, der ihn am Leben hielt. Vielleicht fragen wir uns, wie Gott dieses Unglück zulassen konnte, das diesen demütigen Missionar so furchtbar niederknüppelte. Eine Antwort liegt im Vertrauen auf die geheimnisvolle Führung Gottes. Offensichtlich war die demütige Annahme des Geschehens durch seinen Auserwählten der Preis für die spätere erfolgreiche Mission in eben diesen Ländern, wo das Gedankengut des Christentums so unglaublich fremd erlebt wurde.

Seine Begleiter, Mönche aus Corbie, schickte Ansgar zunächst in ihr Kloster zurück. Er selbst dachte daran nach Schweden als Missionar zurückzukehren. Doch auch dieser Plan wurde hinfällig, als Bischof Gautbert als armer Flüchtling bei ihm auftauchte und meldete, dass in Schweden eine Gruppe von Verschwörern die Kirche und sein Haus geplündert, ihn gefesselt und zur Grenze gebracht hatten. Damit war auch diese Hoffnung zerstört, und Ansgar musste erfahren, dass alle Früchte seiner jahrelangen Anstrengung in einer einzigen Nacht verloren gegangen waren.

Horichs Horden hausten noch in Hamburg, als die Nachricht eintraf, dass der Heerbann Ludwigs sich in Paderborn sammle. Daraufhin hielt es der Wikingerkönig für geraten, sich nach Jütland zurückzuziehen. Dort musste er zuschauen, wie eine furchtbare Seuche unter dem Kriegsvolk Regner Lodbroks wütete. Das war die Rache des Christengottes, anders konnte es gar nicht sein! Und Horich wurde zugänglich. Hier war ein Stärkerer am Werk, und den konnte der König anerkennen.

Ansgar ersuchte nun König Ludwig[32] um Unterstützung für die Mission im Norden, da er seit der Plünderung Hamburgs keine Mittel hatte, um seine Arbeit fortzusetzen. Um seine finanzielle Lage zu stabilisieren schlug Ludwig vor, das Bistum Bremen, das damals zum Erzbistum Mainz gehörte und unbesetzt war, mit dem Erzbistum Hamburg zu vereinen. Das war ein guter Plan, aber kirchenpolitisch äußerst schwierig durchzusetzen. Erst durch das kluge Eingreifen von Papst Nikolaus I. wurden nach jahrelangen mühseligen Verhandlungen, Bremen und Hamburg in einem Erzbistum vereinigt.

In der Zwischenzeit ließ Ansgar Kirche und Schule in Hamburg wiedererrichten. Dazu kamen Spitäler und Klöster. Er selbst war überall. Er unterrichtete in der Schule, predigte und war auf Missionsreisen. Damals kam es auch vor, dass Mitglieder seiner neuen Herde, noch nicht ganz gezähmt, christliche Sklaven, die vom Norden zu ihnen flohen, wieder an die Wikinger verkauften, wenn sie nicht gerade selbst Verwendung für billige Arbeitskräfte hatten. Doch scheint der Bischof Worte gefunden zu haben, die diesem Treiben bald ein Ende setzten.

Jetzt konnte Ansgar wieder daran denken, nach Dänemark und Schweden aufzubrechen. Durch Erfahrung klug geworden, wollte er diesmal von oben her die

---

[32] **Ludwig der Deutsche** (805/806–876) war der dritte Sohn Kaiser Ludwigs des Frommen. Nach dessen Tod einigten sich die Brüder Lothar I., Karl der Kahle und Ludwig II. auf eine Teilung des Reiches (**843 Vertrag von Verdun**). Ludwig erhielt das ostfränkische Gebiet. Unter seiner Herrschaft entwickelte sich ein Zusammengehörigkeitsbewusstsein der verschiedenen Völkerstämme. Das brachte ihm später den Beinamen „der Deutsche" ein.

Mission beginnen. Ansgar besuchte Horich, den Dänenkönig, zunächst als Gesandter Ludwigs des Deutschen. Er brachte ihm zwar immer wieder Geschenke, doch in Wirklichkeit gewann Ansgar durch seine Klugheit, Treue und Ehrlichkeit die Freundschaft des wilden Horich. Sooft er an seinem Hof war, hatte er im geheimen Rat des Königs Sitz und Stimme neben den Heerführern Jütlands und der Inseln. Das allein beweist, welche bevorzugte Stellung dem Bischof eingeräumt wurde.

Mit dem heiligen Mann lernte Horich auch die Religion schätzen, für die Ansgar Zeugnis ablegte und hörte gerne zu, wenn der fromme Bischof von Christus, seinem Leben und seiner Lehre erzählte.

„Das ist schön und gut und heilbringend," meinte der raue Wikinger dazu, „daran habe ich große Freude und gerne möchte ich mir Christi Gnade verdienen." (Kirch: Ansgar)

Ansgar konnte jetzt frei und ohne Einschränkung in Jütland das Evangelium verkünden.

Die Bemühungen von Historikern und Archäologen, von Schiffsbaumeistern und den verschiedensten Handwerkern haben in den letzten Jahrzehnten Haithabu (Heteby), die größte Stadt des Nordens zur Wikingerzeit, wiederbelebt. Schiffe aus aller Herren Länder, aus Birka in Schweden, aus Friesland, aus Spanien, ja aus Byzanz und aus der Levante, ankerten damals im Hafen der Stadt. Hier, in der Hochburg der Wikinger, baute der weitblickende Bischof die erste Kirche des Nordens.

Abb. 12: Rekonstruktion von Häusern in Haithabu heute

Viele vornehme Normannen bekannten sich nun offen zu ihrem Glauben. Manche von ihnen hatten auf Reisen, als Gesandte am Hof des Kaisers, das Christentum kennengelernt und sich taufen lassen, aber bisher nicht gewagt, sich auch in der Heimat offen dazu zu bekennen. Neue Taufbewerber schlossen sich an. Oft waren es kranke Wikinger, deren harter Sinn durch lange Leiden verändert wurde, oft waren es arme Verlassene, die im christlichen Siechenhaus Pflege gefunden hatten. Manche, und uns scheint das heute vielleicht fragwürdig, wollten Taufbewerber bis zu ihrer Todesstunde bleiben. Ein „Deal", den Gott in seiner Barmherzigkeit wahrscheinlich oft mitmachte, weil die pragmatische Seite der christlichen Religion – die Sündenvergebung durch die Taufe – wohl eines der wenigen Dinge war, das diese wilden Gesellen am Christentum faszinierte: Das weiße Taufkleid sollte zur selben Zeit zu ihrem Totenhemd werden.

Missionsarbeit in der Zerreißprobe

In Schweden hatte man inzwischen nahezu erfolglos das Evangelium zu predigen versucht. Ein Volksaufstand hatte einem Missionar das Leben gekostet, die anderen hatten fliehen müssen. Wieder einmal war die Mission der „persönlichen Überzeugung von unten" gescheitert. Daher wollte Ansgar noch einmal nach Birka im Mälarsee aufbrechen. Ein Brief von Horich an den König Olaf von Birka sollte die unsichere Situation entspannen. Doch konnte König Olaf, der von den redlichen Absichten Ansgar überzeugt war, nicht über den Kopf seiner Leute die christliche Mission erlauben. Bei jeder Entscheidung von öffentlicher Tragweite musste eine Volksversammlung einberufen werden, und so auch jetzt. Viele Hundertschaften, Männer im prächtigen Waffenschmuck, fanden sich zur Zeit des Neumondes unter freiem Himmel zusammen: An uralter heiliger Stätte, die Opferplatz und Thingstatt zugleich war. Inmitten des heiligen Platzes befand sich der heilige Brunnen, überschattet vom heiligen Baum. Denn so pflegten auch die Götter und Nornen unter dem Weltenbaum Yggdrasil am Urdarbrunnen zu Gericht zu sitzen oder sich zu versammeln.

Olaf stellte die vorgeschriebenen Einleitungsfragen und schließlich entschied das Los für die christliche Mission. Während der langen Vorbereitungen war Ansgar voll Sorge über den Ausgang der für ihn so wichtigen Sache. Doch Jesus ließ seinen tapferen und brüderlich kämpfenden Apostel nicht im Stich und offenbarte Ansgar während einer Heiligen Messe, dass er sich keine Sorgen machen solle, alles werde gut ausgehen. Und so geschah es. Das Los, womit man die heidnischen Götter um Rat fragte, hatte für ihn entschieden. Die Götter waren diesmal nicht eifersüchtig: man solle den Priester des Christengottes gewähren lassen. Daraufhin, so berichtete uns

Rimberd, stand einer der angesehenen alten Männer auf und sprach:

> „Höret mich an, König und Volk! Viele von uns wissen, wie mächtig der Christengott für die ist, die auf ihn hoffen. Das haben sie in Seenöten und anderen gefährlichen Situationen immer wieder erfahren. Einige von uns haben auch in Duursteede die Religion dieses Gottes angenommen. Durch die Einfälle der Seeräuber ist die Fahrt dorthin gefährlich geworden. Warum sollen wir also den Priester des Christengottes jetzt, da er zu uns kommt, nicht gastlich aufnehmen? Wenn unsere Götter uns nicht wohlgesinnt sein können, so ist es gut, die Gunst dieses Gottes für uns zu haben, der immer in allen Stücken die Macht und den Willen hat, denen zu helfen, die ihn anrufen."

Aus dieser Rede kann man unschwer ablesen, worum es den Wikingern zu tun war, wenn sie sich mit dem Christengott anfreunden wollten. Daher mussten sich die Missionare damit abfinden, dass die Heiden zunächst nur den starken und immer hilfsbereiten Gott im Christentum verehrten und erst nach und nach den menschlichen Forderungen, die mit der neuen Religion verbunden waren, als Lebensform annehmen konnten. Das mag aus heutiger Sicht entschieden zu wenig sein, aber man darf nicht vergessen, dass die christlichen Ideale geradezu diametral zu der heidnischen Lebensform standen, die grundsätzlich vom Recht des Stärkeren ausging. Wenn wir genau hinschauen, dann ist dieser Prozess bis heute im Gange und radikal gelebtes Christentum noch immer eine Sache Einzelner, damals, wie heute. König Olaf selbst teilte Ansgar mit, dass er mit dem Einverständnis der Volksversammlung in Schweden das Christentum predigen dürfe. Er konnte also Kirchen bauen und Priester nach Schweden schicken, ohne um ihr Leben fürchten zu müssen. Der König selbst schenkte ihm Land zum Bau einer Kirche, und Ansgar begann wieder von vorne.

Doch diesmal ließ er verlässliche Vertreter zurück, die sein Werk gewissenhaft fortsetzten.

Abb. 13: Ansgars Kreuz auf Björkö

Zurückgekehrt an seinen Bischofssitz erhielt er die traurige Mitteilung, dass Horich von Dänemark im Kampf gegen zwei aufständische Neider aus der eigenen Familie gefallen war. Doch Horich junior setzte das Werk seines Vaters ohne Einschränkung fort, und es wird überliefert, dass er das Christentum sogar zur Staatsreligion erhoben habe.

Ansgar, der unermüdliche Kämpfer

Die Kraft, von der Ansgar geleitet wurde, war der Gedanke, Apostel Jesu Christi zu sein. Bittere Enttäuschungen, Mühsale und Opfer begleiteten sein missionarisches Wirken. Die politischen Wirren drohten mehrmals seine Arbeit zu vernichten. Dazu kamen die Entbehrungen, die seine Reisen durch unwegsames Gebiet mit sich brachten und das Elend, das er in den heidnischen Ländern sehen musste. Auch fehlten nicht Spott und Hohn von Seiten der Bevölkerung, denen die fremden Gottesdiener mit ihrer Botschaft seltsam vorkamen. Aber der Gedanke „Um Christi willen!" half ihm und seinen Begleitern über alle Schwierigkeiten hinweg.

In der heiligen Pflicht der Blutrache bestand zweifellos eines der massivsten Hindernisse für die Annahme des christlichen Gedankengutes. Sie war für den nächsten Anverwandten das teuerste Vermächtnis, das ihm erst nach ihrer Erfüllung erlaubte, das Erbe des Verstorbenen anzutreten. Auch Frauen und Knaben waren von dieser Pflicht nicht ausgenommen.

Von der Blutrache war es nicht weit zu Menschenopfern. Dazu wurden nicht nur Feinde, Sklaven oder gewöhnliche Verbrecher herangezogen, sondern zu besonderen Anlässen auch edleres Blut, oft das nächste und liebste. Die Gewohnheit Streitfälle durch Zweikämpfe zu lösen, der bis zum Tod eines der Gegner durchgefochten wurde, fügte sich nahtlos ins Bild.

Wenn die Wahrheit einer Sache zu finden war, wurde der Person ein glühendes Eisen in die Hand gegeben, oder befohlen, Steine aus siedendem Wasser zu holen. Dazu kam eine Besonderheit des nordischen Gottesurteils, der Gang unter einem Rasenstreifen. Dabei kam es darauf an, ob die Rasenstreifen über den Beklagten zusammenfielen oder nicht. Ähnliche Formen des Gottesurteils hielten sich bis in spätere Tage, womit der Hintergrund ausgeleuchtet wäre, der diese Praktiken zur Wahrheitsfindung in den Bereich der Naturreligion verweist, die mit dem christlichen Gedankengut nichts zu tun haben.

Ein Apostel ohne Ansgars Selbstlosigkeit hätte unterliegen müssen. Was konnte er diesen Lebensgewohnheiten entgegenhalten? Die christliche Lehre von Demut und Entsagung? Das erschien schon im Ansatz verfehlt. Ein heldenhaftes Beispiel, ja, das war schon etwas Anderes. Das bot ihnen Ansgar, und zwar in vielfacher Weise, sodass auch die härtesten Typen – und König Horich zählte zweifellos dazu – eine merkwürdige Scheu erfasste, wenn sie mit diesem seltsamen Mann zusammentrafen. In seinem Empfehlungsschreiben an den Schwedenkönig Olaf, schrieb Horich wörtlich:

> „In meinem Leben habe ich keinen so edlen Mann gesehen und in keinem Sterblichen solche Treue gefunden wie in Ansgar." (Kirch: Ansgar)

Doch woher nahm er die fast übermenschliche Kraft, um das alles auszuhalten? Zunächst war es die klösterliche Disziplin, womit er den Tag für sich einteilte. Dazu kamen Stunden der Andacht, wo er innerlich ganz tief mit seinem Gott verbunden war und darüber hinaus eine mystische Gnade, die sich schon in den Träumen des jungen Ansgar angekündigt hatte. Er besprach sich nicht nur mit Gott, sondern hatte bestimmte Situationen auch bildlich vor Augen. So erlebte er das Leiden Christi fast real und schaute wie im Traum die Herrlichkeit des Himmels. So spürte er immer die Kraft Gottes in sich wirken und konnte ohne Angst – und das scheint mir die wichtigste Voraussetzung, weil Angst extrem schwächt – allen Gefahren trotzen. Und es gelang ihm.

Achtunddreißig Jahre waren vergangen, seit seiner ersten Missionsfahrt als Begleiter von König Harald den Rhein hinauf im offenen Wikingerdrachen. Wie viel war inzwischen passiert! Wie fast immer im christlichen Leben gilt es vor dem Erfolg und der Auferstehung den Kreuzweg zu gehen, den Ansgar mutig und tapfer auf sich nahm, als treuer und ausdauernder Knecht. Nun konnte er nach seinem bischöflichen Amtssitz zurückkehren. Auch gab es hier ein Landhaus, das ihn erwartete, und wo er sich in seiner kargen Freizeit geistlichen Übungen hingeben konnte und vor allem dem Studium. Ganze Bände von theologischen und aszetischen Schriften hat er hier abgeschrieben und exzerpiert. Ganz in den Fußstapfen der Kirchenväter!

Im Grunde lieben sie alle dasselbe: In tiefer Einsamkeit mit ihrem göttlichen Freund zusammen zu sein und möglichst viel zu studieren, um die Heilige Schrift immer tiefer zu begreifen. Doch kenne ich keinen großen Heiligen, der sich dieser Lieblings-Beschäftigung im vollen Umfang widmen konnte. Augustinus hat man in das Amt des Bischofs gedrängt, Gregor der Große stand im Dienst des Papstes, bis er selbst das schwere Amt übernehmen musste, Ambrosius war Zeit seines Lebens Bischof, desgleichen Basilius - die Reihe wäre jetzt lange, lange fortzusetzen.

Letzte Aufgaben und Tod

Auch Ansgar durfte nur wenig Zeit in seinem seelischen Refugium zubringen. Bischöfliche Pflichten, Predigt und die Sorge um die Armen verlangten seine Zeit. Ein „exklusives" Problem seiner Zeit waren die ständigen Überfälle der Normannen, die mit Gewalt nahmen, was sie bekommen konnten und viele Leute in die Sklaverei verschleppten. Ansgar hatte das Leid der Christensklaven in Birka selber miterlebt und tat alles, was in seiner Macht stand, um hier helfend einzugreifen. Einmal veräußerte Rembert, sein vertrautester Schüler und Nachfolger, sogar kostbare Altargeräte, um Sklaven loszukaufen und das furchtbare Los dieser Menschen zu mildern.

Die Einkünfte aus Liegenschaften, die dem Bischof zur Verfügung standen, gingen regelmäßig an die Pflegehäuser für Arme und Kranke in Bremen. Es war auch ein fast tägliches Schauspiel, den Bischof, eine Schürze über die geistlichen Kleider gebunden, im Spital als Krankenpfleger zu sehen. Dabei trug er immer einen Beutel am Gürtel, um Notleidenden auch finanziell helfen zu können. Manchmal hatte dann die göttliche Hand ein bisschen mitgeholfen, wenn todkranke Leute durch seine Salbung mit heiligem Öl gesund wurden. Wie zu erwarten, brachte man bald die Kranken von überall her, damit er für sie bete. Ihm selber war das aber mehr als unangenehm. Und als einmal seine Vertrauten in seinem Beisein von den wunderbaren Heilungen sprachen, meinte er:

> „Wenn ich es wert wäre, würde ich Gott nur um ein Wunder bitten: Er solle doch mit seiner Gnade einen guten Menschen aus mir machen!" (Kirch: Ansgar)

Wie alle ähnlich geformten Heiligen, wusste er um die Gefahr der Selbstgefälligkeit, die in solchen Situationen immer lauert und ständig im Auge behalten werden muss.

Ansgar hatte immer gehofft als Blutzeuge Christi sterben zu dürfen. In seiner Jugend hatte einmal Christus im Traum zu ihm gesagt: „Geh hin und kehre wieder mit der Krone der Blutzeugen!" Doch der schöne Traum sollte sich nicht bewahrheiten. Im Herbst 864 warf ihn die Ruhr aufs Krankenlager, und der Morgen des 3. Februar 865 brachte ihm den Tod. Die Trauer um den großen Bischof war groß, aber am bittersten spürten die Armen und Kranken, dass er nicht mehr bei ihnen war.

Die Ottonen

Der Aufstieg dieses Geschlechts fällt mit dem Aufstieg des Ostfränkischen Reiches und dem Entstehen des „Heiligen Römischen Reiches" zusammen.

Heinrich I. war der Sohn von Herzog Otto dem Erlauchten von Sachsen und ein Enkel Liudolfs. Er wurde 919 in Fritzlar von den fränkischen und sächsischen Großen zum ostfränkischen König gewählt. Eine seiner wichtigsten Aufgaben war die Verteidigung des Reiches gegen die immer wieder angreifenden Magyaren, die er im Jahre 933 an der Unstrut besiegte. Im selben Jahr unterwarf er die Elbslawen und die Böhmen, wodurch er die Freiheit gewann, sich wichtigen innenpolitischen Fragen zu widmen. Heinrichs I. vordringlichstes politisches Ziel war die Einheit des Reichs, die er mittels der *Quedlinburger Hausordnung* (929) sichern wollte. Darin bestimmte er seinen zweiten Sohn Otto zum direkten Nachfolger. Die anderen Söhne wurden mit der Herzogswürde abgefunden. Damit begründete er die Individualsukzession, die Unteilbarkeit des Königtums und damit des Reiches, die auch seine Nachfolger beibehalten sollten.

Mit König Otto I. bestieg 936 eine der bedeutendsten Persönlichkeiten des „Heiligen Römischen Reiches" den Thron. Ottos Heer besiegte die Ungarn endgültig und bereitete der Bedrohung aus dem Südosten ein Ende, als er sie in der Schlacht auf dem Lechfeld 955 vernichtend schlug. Um die Stabilisierung des Reiches zu vollenden, ließ sich Otto von Papst Johannes XII. im Jahre 962 zum Kaiser krönen. Gleichzeitig erneuerte er das römische Kaisertum von Karl dem Großen, bestätigte die *Pippinsche Schenkung* und verheiratete seinen Sohn und Thronfolger Otto mit Theophanu, einer byzantinischen Prinzessin.

Abb. 14: Magdeburger Reiter: Otto I.

Bereits 973 wurde dieser als Otto II. neuer König und dann auch Kaiser. Er führte die Politik seines Vaters fort und war wie dieser ein erfolgreicher Herrscher. Als Otto II. 983 starb, hinterließ er einen dreijährigen Sohn.

Dieser wurde als Otto III. im Jahre 983 zum deutschen König gewählt. Für ihn übernahm seine Mutter bis 991 die Regentschaft. Fünf Jahre später wurde er zum Kaiser gekrönt. Kaiser Otto III. starb sehr früh (1002) und hinterließ keinen Erben.

Adalbert von Prag
(956–997)

Gegen Ende des zehnten Jahrhunderts stand in Böhmen die katholische Kirche auf sehr unsicherem Boden. Der Grieche Methodius predigte seit 864 in Mähren und missionierte auch zeitweilig in Böhmen. Auf ihn gehen auch die Gottesdienste in slawischer Sprache zurück - eine ungeheure Neuerung - weil in allen übrigen europäischen Ländern, die Kirchensprache Latein war und blieb. Der Przemyslide Boriwoy und seine Gattin Ludmila wurden von Methodius[33] getauft, und es konnte erwartet werden, dass Böhmen nicht der lateinischen, sondern der griechisch-slawischen (letztendlich der orthodoxen) Kirche angehören würde.

Doch es kam aus politischen Gründen nicht dazu. Gegen die drückende mährische Übermacht suchte man wieder die Nähe zu Deutschland. Der Hl. Wenzel, der Enkel Boriwoys, wurde als Knabe vom Regensburger Bischof gefirmt, und als er dem Hl. Veit auf dem Prager Hradschin eine Kirche erbaute, die bis heute die Hauptkirche Böhmens ist, erschien wieder der Bischof von Regensburg, um sie einzuweihen. Es war bereits die dritte Kirche auf dem Gelände der Prager Burg. Doch während seine Vorgänger eher Plätze an der Seite wählten, platzierte der spätere Landesheilige seinen Sakralbau in die Mitte des Burgfelsens, dorthin, wo einige Historiker zwei zentrale Elemente der vorchristlichen Religion vermuten: den heiligen Brandopferhügel *Žiži* und den steinernen Thron, den alle böhmischen Fürsten noch im Hochmittelalter bei ihrem Amtseintritt besteigen mussten. Beide Heiligtümer waren noch zwei Jahrhunderte bekannt

---

[33] Die aus Thessaloniki stammenden Brüder, **Kyrill und Method,** waren byzantinische Gelehrte und Priester. Sie missionierten im 9.Jh. die slawischen Völker und entwickelten die erste Schrift für die altslawische Sprache – das glagolitische Alphabet. Ihr Wirken hatte großen Einfluss auf die kulturelle Entwicklung der slawischen Völker. Papst Johannes Paul II. erklärte sie im Jahr 1980 zu Mitpatronen Europas, zusammen mit Benedikt von Nursia.

und wurden wohl später mit der gotischen Kathedrale überbaut. Wenzel hatte mit seinem Bau das religiöse und gesellschaftliche Zentrum des Landes in einen christlichen Kontext gestellt und so den Brückenschlag zwischen der alten und der neuen Ordnung geschaffen.

Abb. 15: St. Veits Dom auf der Prager Burg (Baubeginn: 1344)

Wenzel starb am 28. September des Jahres 929 oder 935 in Altbunzlau eines gewaltsamen Todes. Er fiel einer Verschwörung zum Opfer, an deren Spitze sein Bruder Boleslav stand.

Da der Fürst in Prag unangreifbar war, lud ihn Boleslav zu einem Fest zu Ehren der Heiligen Kosmas und Damian ein, denen die Kirche in seiner eigenen Burg geweiht war. Wenzel wurde von seinen Getreuen gewarnt. Dennoch folgte er der Einladung, nahm aber zum Schutz sein Gefolge mit. Während des Festmahls konnten die Verschwörer deshalb nichts ausrichten und fassten in der Nacht einen neuen Plan. Als der Fürst am nächsten Morgen, während seine Begleiter noch ihren Rausch ausschliefen, allein zum Gebet gehen wollte, griff ihn sein Bruder an und versetzte ihm einen Schlag an den Kopf. Wenzel gelang es, Boleslav das Schwert zu entreißen. Dann versuchte er in die Kirche zu fliehen, doch der Priester, ein Anhänger Boleslavs, schloss die Tür vor ihm ab. Im Kampf vor der Kirchentür mit den übrigen Verschwörern, unterlag Wenzel und wurde getötet.

Adalberts Berufung

In dieses Umfeld wurde Adalbert hineingeboren. Heidnische Sitten und Überzeugungen herrschten noch lange unter den scheinbar bekehrten Böhmen. Selbst der Vater von Adalbert, Fürst Slawnik von Libitz, der mit dem sächsischen Königshaus (später Ottonen) blutsverwandt war und dessen rechtmäßige Gemahlin, die fromme Strezislawa, vielleicht die Schwester des Hl. Wenzel war, lebte mit mehreren Frauen. Von seinen sieben Söhnen stammte Gaudentius, der unzertrennliche Lieblingsbruder Adalberts und erste Bischof von Gnesen, von einer Nebenfrau des Fürsten.

Adalbert hatte bei seiner Taufe den Namen Vojtech (Heerestrost) erhalten. Erst bei seiner Firmung in Magdeburg, wo er neun Jahre die Domschule besuchte, gab ihm der Bischof seinen eigenen Namen. Während des Studiums in Magdeburg gewann Adalbert nicht nur fundiertes Wissen, sondern lernte auch die deutsche Kultur zu schätzen. Zudem prägte ihn seine langjährige Erfahrung mit dem regeltreuen Leben der Benediktinermönche, die sich in einer starken Sehnsucht nach Weltflucht, immer wieder Bahn brach. Im Grunde hätte der schwermütige Adalbert in ein strenges Kloster gehört, um in Demut und Verborgenheit den Idealen des Mönchtums nachzueifern.

Doch die Zeit, in die er geboren war, verlangte ihren Tribut. Nach dem Tod des Bischofs Dethmar von Prag, der angesichts des Todes seine schweren persönlichen und amtlichen Verfehlungen bekannte, beschlossen Mitglieder des Hohen Adels und der Geistlichkeit den jungen Kleriker Adalbert, „...der, als Landsmann, dessen vornehme Geburt, Reichtum, hohe Weisheit und versöhnliche Art, zu solcher Ehre stimmten", zu ihrem Oberhirten zu machen. Und Adalbert nahm die Wahl an. Die kaiserliche Bestätigung und Belehnung erfolgte durch Otto III. mit der Übergabe des Hirtenstabes. Zu Peter und Paul empfing er von Erzbischof Willigis von Mainz[34] die höchste kirchliche Weihe.

Adalbert als pflichtgetreuer Bischof

Voll bester Absichten kehrte der jugendliche Bischof, dem das kanonische Alter von dreißig Jahren fehlte, nach Prag zurück. Als er zum ersten Mal beim feierlichen Gottesdienst den bischöflichen Thron bestieg, stimmte die Geistlichkeit freudig das „Te Deum" an, Herzog und Adelige des Reiches flehten aufrichtig um Gottes Gnade, und auf Festen jubelte das Volk.

---

[34] **Willigis von Mainz** diente drei Kaisern und war Berater der Großen seiner Zeit. Sein Ehrentitel Vater des Kaisers und des Reiches signalisiert seine Stellung. Wirtschaftliches Wohlergehen und politische Stabilität waren ihm Voraussetzungen für eine funktionierende Kirche. Die Gründung des Bistums Bamberg 1007 geht auf Willigis zurück. Er war Bauherr des Mainzer Martins-Doms und der Mainzer Stephanskirche, wo er begraben ist. Willigis ist Patron der Wagner, weil er Sohn eines Wagners gewesen sein soll. Aus Stolz auf diese einfache Herkunft habe er das Wagenrad, das heute noch im Wappen von Rheinland-Pfalz zu sehen ist, zu seinem Wappenzeichen gemacht.

Abb. 16: Investitur von Adalbert (Bronzetüren am Dom von Gnesen)

Offenbar betrachtete seine Umgebung Adalbert noch als denselben munteren Hausgenossen, den sie am Hofe Dethmars kennen gelernt hatten. Aber Adalbert war ein anderer geworden. Streng wie ein Mönch, unter Nachtwachen, Beten und Arbeit führte er mit seinem Bruder Gaudentius und einem Blindgeborenen, den er bei sich aufgenommen hatte, ein klösterliches Leben. Sein reiches Vermögen gab er den Armen und Notleidenden. Er predigte mit Eifer und versuchte die Pflichten eines Bischofs in seinem großen Sprengel zu erfüllen, der sich von Mähren, über Ungarn und Galizien bis nach Oberschlesien erstreckte. Die ihm anvertraute Herde sollte wirklich christlich werden. Und er verstand unter seiner Herde alle, ohne Ausnahme, das Volk, die Adeligen und die Geistlichkeit. So hatten letztere es sich aber nicht gedacht.

Zahlreiche Priester lebten damals in unerlaubter Ehe, und als es ihnen der Bischof verbot, hetzten sie die Adeligen des Landes gegen ihn auf. Diese wollten ihre

Frauen[35] nicht aufgeben und bei ihren Trink- und Fressgelagen ungestört bleiben. Ehebruch, Diebstahl, Verletzung der Sonn- und Feiertage, Teilnahme an heidnischen Riten und Bräuchen waren die Laster der einfachen Leute. Bruder- Vater- und Priestermord waren keine Seltenheit. Und als Adalbert daranging, durch Errichtung von Kirchen und Pfarren eine umfassende Seelsorge aufzubauen, verbot Boleslaw II. jede Neugründung; ganz offensichtlich aus politischen Gründen, da die Pfarren ja deutsche Kleriker gebraucht hätten, weil im eigenen Land die geistlichen Kräfte noch fehlten.

Die Umstände hätten sich nicht düsterer entwickeln können. Trotzdem harrte der junge, idealistische Mann, der so sehnsüchtig nach Frieden und Einsamkeit verlangte, fünf Jahre auf seinem Posten aus.

> Alle Tage war er ein frommer Diener des Herrn, aber die viele Zeit und die große Mühe, womit er das christliche Gesetz durchsetzen wollte, hatten keinen Erfolg.[36]

Als die Feindseligkeiten zwischen Böhmen und Polen erneut ausbrachen, und die Untertanentreue der Herren von Libitz[37], die seinerzeit mit den Polenfürsten sympathisierten, angezweifelt wurde, beschloss Adalbert den Platz zu räumen. Er bestürmte Strachkwas, den Bruder des Herzogs, der im Emmeranskloster in Regensburg lebte, ihm die bischöfliche Bürde abzunehmen:

> „Es ist gut, dass man dich als Bruder des Herzogs kennt, und dass du von den Herren dieses Landes abstammst. Dich wird das Volk lieber zum Herrn haben und dir eher gehorchen als mir. Du wirst unter dem Rat

---

[35] Viele der Adeligen lebten mit der offiziellen Ehefrau und „Nebenfrauen" auf ihren Besitzungen.

[36] Konrad Kirch, Adalbert von Prag In: Helden des Christentums II. Aus dem Mittelalter; Mit Zepter und Hirtenstab, Paderborn 1924

[37] Die **Herren von Libitz** war die Familie, der Adalbert entstammte.

und Beistand deines Bruders die Übermütigen niederhalten, die Nachlässigen überführen, die Ungehorsamen zurechtweisen, die Ungläubigen schelten können." (Kirch: Adalbert)

Doch Strachkwas weigerte sich. Adalbert, der nach seiner eigenen Meinung dem Wohl seiner Herde im Weg stand, wollte weichen. Und als er den Herzog vergeblich um die Entlassung christlicher Gefangener bat, weil dieser sie an jüdische Händler verkaufte, beschloss er zu gehen. Im Herbst 988 machte er sich auf und ging nach Süden, nach Rom, um dem Nachfolger Petri Ring und Stab zu Füssen zu legen.

Adalberts Flucht

Papst Johannes XV. erkannte bald, dass Adalberts Position in Prag unhaltbar geworden war. Daher löste er ihn von seinen Pflichten als Oberhirten und gewährte ihm seinen Herzenswunsch nach einem kontemplativen Leben. Doch auch dieser Wunsch wurde ihm nur nach und nach erfüllt.

Zuerst dachte er an eine Wallfahrt nach Jerusalem. Theophano, die Witwe von Otto II., übergab ihm eine ansehnliche Geldsumme, mit der Bitte, für ihren verstorbenen Gemahl an den Heiligen Stätten zu beten. Doch noch am selben Abend verschenkte er das Geld an die Armen. Dann entließ er seine ganze Begleitung und machte sich mit drei Gefährten auf, um nach Süden zu pilgern. In Monte Cassino machten sie Station, wo der Abt des Klosters ihn zum Bleiben ermunterte, weil er „an einem Ort die Früchte der Tugend besser sammeln könne, als beim ziellosen Umherschweifen". Das leuchtete Adalbert ein. Doch als man ihn bat, als geweihter Bischof die neue Klosterkirche zu konsekrieren (einweihen), reagierte er verletzt und aufgebracht mit den Worten:

„Haltet ihr mich denn für einen Menschen oder für einen Esel, dass ihr meint, ich werde, nachdem ich die Sorge für meine Söhne abgeworfen und aufgehört habe Bischof zu sein, nun als Namensbischof eure Häuser weihen?" (Kirch: Adalbert)

Adalbert verließ daraufhin Monte Cassino. Doch aus dieser Überreaktion wird deutlich erkennbar, wie sehr er unter seinem Scheitern litt. Im Grunde war er auf allen Linien gescheitert: in seinem Bemühen um die Verbesserung der lasterhaften Gewohnheiten des ihm anvertrauten Gottesvolkes, bei dem Versuch, eine brauchbare Gemeindestruktur aufzubauen und schließlich auch damit, einen vertrauenswürdigen Nachfolger für sein Amt zu finden. In seinem Innern musste er sich geradezu die Frage stellen, ob er sich der praktischen Verantwortung für seine „Herde" wirklich entziehen durfte, war doch in der Diözese alles ungeordnet liegen geblieben. Und dieser innere Konflikt machte ihm zweifellos schwer zu schaffen. Nur auf diesem Hintergrund scheint mir die Überreaktion im Hinblick auf das harmlose Ansinnen der Mönche von Montecassino erklärbar.

Leben in klösterlichem Frieden

Die Idee, nach Jerusalem zu pilgern, hatte er aufgegeben. Nun suchte er nach einem Ort, wo er unbeachtet und still seinem himmlischen Herrn dienen könnte. Und er fand diesen Ort in der Einsiedelei von Rossano, wo der Hl. Nilus[38] gemeinsam mit einer kleinen Klostergemeinde wirkte. Und im Hl. Nilus traf er die verwandte Seele, die ihm alles bestätigte, was er selbst erstrebte: Ein tiefes Gefühl für die Vergänglichkeit und Nichtigkeit

---

[38] **Hl. Nilus:** (um 910 bis 1004) Er war wohl erst verheiratet und schloss sich 940 dem Basilianerorden an. Er lebte zunächst als Einsiedler, dann gründete er ein Kloster in seiner Heimatstadt. Hier wurde er als Helfer und Wundertäter verehrt. Nilus war ein hervorragender Vertreter des griechischen Mönchtums in Süditalien.

der Welt, Flucht vor der Unruhe, ihren Händeln und Sorgen. Verzicht, Opfer und Entbehren; Arbeit und selbstgewählte Lasten, alles dem Heiland und Gottessohn zuliebe, alles im Gedanken an die gewaltige Zukunft mit ihren ewigen Strafen und ihren ewigen Kronen. Diese stille, ernste Weltabkehr, verbunden mit düsterer Furcht wie auch mit schwärmerischer Innigkeit, das war der Geist, der aus dem griechischen Mönchtum hinüber wehte ins Abendland und Adalbert tief berührte. Das ließ in ihm alle Saiten seines Wesens erklingen. Auch der Hl. Nilus spürte, wer hier vor ihm zu seinen Füßen lag und später, als Adalbert schon den Märtyrertod erlitten hatte, hörte man ihn sagen: „..., dass er nie mehr einen jungen Mann gefunden habe, der von so glühender Liebe für Christus erfüllt war wie Adalbert."

Doch konnte Adalbert auch hier nicht bleiben, weil der Grund, auf dem die Klostergemeinschaft des Hl. Nilus lebte, von böhmischen Herzögen gestiftet war. Er fürchtete daher mit Recht vertrieben zu werden, wenn er Adalbert bei sich behielte. Doch sorgte er indirekt für ihn und seine Gefährten, indem er ihm ein Schreiben an Leo, den Abt des Klosters zum heiligen Bonifatius und Alexius in Rom mitgab, um sie als Mitbrüder zu empfehlen. Drei Jahre brachte Adalbert daraufhin in diesem Kloster als Benediktinermönch zu, wo er unter der klugen Leitung des Abtes Leo sein Bedürfnis nach Gebet, Demut und einfachem Leben erfüllen konnte.

Prag vermisste seinen eindringlichen Mahner nicht. Und die Vorstellungen und Mahnungen von Erzbischof Willigis aus Mainz blieben ungehört, bis schließlich, nach Beendigung der Polenkriege, wieder Ruhe eingekehrt war. Strachkwas, der Bruder des Herzogs und ein Jugendgefährte von Adalbert, wurde von Willigis mit Briefen nach Rom geschickt, worin er die Rückkehr des Bischofs einforderte.

Zugleich versprach er im Namen des Böhmenherzogs volle Genugtuung: Der Arbeit von Adalbert sollte nichts mehr in den Weg gelegt werden. Papst Johannes XV. berief daraufhin eine eigene Synode zum Thema Prag ein. Dabei wurde entschieden, dass Adalbert nicht bedingungslos zum Böhmenherzog gehen würde:

„Wenn sie auf ihn hören, sollen sie ihn mit Gottes Segen behalten, wenn sie aber von ihrer Ungerechtigkeit nicht abstehen wollen, soll dieser Mann, der Unser ist, ohne Gefahr für seine Person die Gemeinschaft der Bösen verlassen." (Kirch: Adalbert)

Auch sollte in Böhmen ein Benediktinerkloster errichtet werden, das Adalbert einen gewissen Rückhalt schaffen würde. Diese kluge Voraussicht des Papstes zeigt, dass er sich keine Illusionen machte und genug Phantasie hatte, um die Schwierigkeiten vorauszusehen, die Adalbert in Prag erwarteten. Erzbischof Willigis handelte zweifellos mehr aus politischen Motiven, wenn er Adalbert, der in den deutschen Ordensschulen erzogen worden war, als Erzbischof der böhmischen Hauptstadt protegierte. Er fragte sich offenbar nicht, wie der heiligmäßige Mann mit dem vor Mord und Grausamkeit nicht zurückschreckenden Böhmenherzog in Zukunft zurechtkommen würde. Er bedachte einfach nicht, dass der böhmische Herzogshof sich in den wenigen Jahren seit der Flucht von Adalbert wohl kaum geändert habe.

Rückkehr nach Prag

Wahrscheinlich ahnte Adalbert, was auf ihn zukommen würde, doch kaum das Ausmaß an Leid, das auf ihn wartete.

Obwohl ihm das Volk bei seiner Rückkehr zujubelte und ihm Boleslaw II. auf einer Versammlung der Großen die feierliche Gewähr gab, dass er in aller Freiheit nach den Satzungen des Kirchenrechtes schalten und walten könne, so ahnt man schon, dass dem Jubel und den Versprechen keine Dauer beschieden war. Nach menschlichem Ermessen konnte man auch kaum erwarten, dass die Vorstellungen eines heiligen Mönches mit den Erwartungen eines kaum bekehrten Volkes übereinstimmten.

Dass aber Adalbert wieder zur Flucht gezwungen war, geht auf Rechnung der Zeit, wo zur Lösung von Konflikten zuallererst Mord und Totschlag eingesetzt und erst nachher verhandelt wurde.

Begonnen hatte das Ganze mit der Frau eines Adeligen, die man des Ehebruchs überführte. Die Verwandten des gekränkten Ehemannes verlangten nach heidnischem Brauch die Enthauptung der Sünderin durch die Hand des Gatten, doch flüchtete diese in der Nacht in die Kirche des Hl. Veit, wo der Bischof mit den Domgeistlichen gerade das Stundengebet verrichtete. Schnell stand sein Entschluss fest: Als guter Hirte wollte er für das verirrte Schäflein sein Leben lassen. Daher trat er vor die Verfolger hin und sagte: „Wenn ihr mich sucht, da bin ich!" Doch statt einer ernsten Auseinandersetzung begegnete ihm nur Spott und Hohn:

> „Deine Hoffnung auf den Martertod ist eitel. Wir werden nicht die Sünde begehen und einen Unschuldigen töten. Wenn aber die Buhlerin nicht schleunigst herausgegeben wird, so haben wir deine Brüder, an deren Frauen, Kindern und Gütern wir das Unrecht rächen werden." (Kirch: Adalbert)

Das arme Weib wurde mit Gewalt aus ihrem Versteck geholt. Da sich ihr Mann weigerte, Hand an sie zu legen, wurde sie von einem Sklaven getötet.

Nun wurde es Adalbert endgültig zu viel, und er ging zurück nach Rom. Herzog Boleslaw II. jedoch zog noch im selben Jahr nach Libitz und machte seine Drohung wahr. Er verletzte das kirchliche Schutzrecht, indem er vier Brüder Adalberts, ihre Frauen und Kinder, die wehrlos im Gotteshaus Zuflucht gesucht hatten, ohne Erbarmen niedermetzeln und ihre Güter einziehen ließ. Wie sich Adalbert bei dieser Nachricht fühlte, das möchte man sich nicht einmal vorstellen.

Adalbert und Otto III.

Doch er selbst durfte wieder einmal am Avetin im Kloster zum Heiligen Bonifatius und Alexius ein bisschen durchatmen. In einem Traum wurde ihm aber schon damals mitgeteilt, dass auch er unter den Märtyrern seinen Platz einnehmen werde. In dieser Stimmung traf ihn der sechzehnjährige Otto III., der im Mai 996 nach Rom gekommen war, um sich von dem vierundzwanzigjährigen Papst Gregor V. zum Kaiser krönen zu lassen. So jung der Kaiser auch war, so bewusst war er sich seiner Würde. Was hatte ihm, dem Enkel von Otto I. und Sohn einer byzantinischen Prinzessin, die Welt an Größe anzubieten? Selbst dem Papst billigte er keine andere Stellung zu als jene, die dem Patriarchen von Konstantinopel zukam. Doch beugte er sich vor Männern, die als Mönche nach wahrer Vollkommenheit strebten. Und Otto spürte bei Adalbert den wahren Geist der Frömmigkeit und zog ihn immer mehr in seine Nähe: „Er hielt ihn bei sich wie einen vertrauten Freund und hörte gern auf alles, was er sagen mochte."

In welches Wechselbad der Gefühle war Adalbert nun eingetaucht. Auf der einen Seite rottete man seine ganze Familie aus und ließ ihm keinen Raum, um seinen bischöflichen Verpflichtungen nachzukommen und auf der anderen Seite überschüttete ihn der mächtigste Mann des Kontinents mit Aufmerksamkeit.

Aber die Karten seines Schicksals wurden schon wieder neu gemischt! Erzbischof Willigis von Mainz, der mit Kaiser Otto III. gekommen war, überredete den Papst, dass er ihm Adalbert zurückschicke. Willigis war ein heiliger Mann, aber politisch uneinsichtig, weil er nicht und nicht gelten lassen wollte, dass Prag und Adalbert nicht zusammenpassten. Wieder war Adalbert bereit zu gehen. Allerdings wollte Willigis vorher in Prag anfragen, ob die Rückkehr ihres Erzbischofs überhaupt erwünscht war. In der Zwischenzeit sollte dieser am Hof des Polenfürsten, gemeinsam mit seinem Bruder Sobebor, der dem Blutbad entgangen war, die Antwort abwarten.

Doch vorher erholte sich Adalbert noch ein paar Tage und besuchte die Gräber der Heiligen in Frankreich, Burgund und in Flandern. Dann blieb er einige Zeit am Rhein bei Otto III., der ihn von Tag zu Tag liebevoller und vertrauter behandelte. Adalbert malte ihm die Freude und Glorie des ewigen Lebens in leuchtenden Farben aus und ermahnte ihn gleichzeitig:

> „Er solle es nicht für etwas Großes halten, dass er Kaiser sei, sondern bedenken, wie schmal der Weg sei, der zum Leben führt. Er solle die Güter der Welt verachten, nach der ewigen Auserwählung Ausschau halten, das Bleibende suchen und sich nicht auf Vergängliches verlassen."

Abb. 17: Buchmalerei aus dem Evangeliar Ottos III.[39]

War er nicht bei Otto, dann versuchte er auch die Diener zu unterweisen, ebenso die Großen, die müßig herumlungerten.

---

[39] Das Kaiserbild aus dem **Evangeliar Ottos III** (Bayerische Staatsbibliothek): Der Kaiser thronend zwischen zwei Säulen vor einer angedeuteten Palastarchitektur. Er ist ausgestattet mit Krone, Adlerszepter des Augustus und der Sphaira mit dem Kreuz. Neben ihm stehen zwei geistliche und weltliche Standesvertreter. Das Huldigungsbild zitiert die Darbringung des *aurum coronarium*, des Krongoldes, das die Großen eines Gebietes dem Imperator bei seiner Herrschaft als Anerkennung zu überbringen hatten. (Buchmalerei der Reichenauer Schule, um 1000)

Dazu wird uns ein rührendes Detail überliefert. Die Schuhe der ganzen Hofgesellschaft wurden einige Zeit über Nacht geputzt und standen am Morgen gereinigt an ihrem Platz. Lange Zeit wurde gerätselt über den „Täter", bis von einem Kammerherrn das Geheimnis des heiligen Diebes enthüllt wurde.

Das muss man sich einmal „gestickt" vorstellen! Da gab es einen Mönch am Kaiserhof, der eigentlich ein gestürzter Bischof war, der unbegreiflicherweise vom Kaiser in einer Weise hofiert wurde, die kein Mensch verstand. Gleichzeitig machte sich dieser Mönch laufend lächerlich, indem er z. B. die Schuhe der Anwesenden putzte und ihnen mit seinen naiven Predigten auf die Nerven ging. Doch Adalbert merkte offenbar nicht, welche seltsame Rolle er am Kaiserhof spielte. Und wenn er darauf aufmerksam geworden wäre, hätte er es in seiner Demut willig ertragen.

Je mehr man sich mit seinem Leben beschäftigt, umso deutlicher wird der Unterschied zu den mächtigen Kirchenmännern seiner Zeit. Seine Gestalt wirkt vielmehr wie ein „Gegenentwurf" aus der Hand Gottes, den er sich für seine Pläne in besonderer Weise bedienen wollte. Noch heute kann uns das Schicksal dieses heiligen Mannes berühren, der aus und über seiner Zeit gelebt hat, als demütiger Nachfolger von Jesus Christus, dessen Brot es war, den Willen dessen zu tun, der ihn gesandt hatte. (Joh 4,34)

Ende 996 bereitete sich Adalbert zur Abreise vor und nahm von Otto Abschied, der sich nur unter großem seelischem Schmerz und innerem Widerstand von ihm trennte. Der vaterlose Herrscher war ja erst siebzehn Jahre alt – ein Jugendlicher – der viel zu früh erwachsen werden musste. Die innere Sehnsucht nach einem väterlichen Freund, an den er sich ohne Scheu wenden und dem er wirklich vertrauen konnte, hatte sich in der

Person Adalberts ideal erfüllt. Irgendwie wird Otto wohl gespürt haben, dass es ein Abschied für immer war.

Adalbert wird als Missionar eingesetzt

Boleslaw Chrobry, der Gewaltige, den Adalbert nun aufsuchte, war einer der größten Herrscher, die Polen je hatte, der gleichsam in den „Jugendjahren" des Reiches alles vorwegnahm, was spätere Jahrhunderte visionär erstrebten.

Abb. 18: Marcello Baciarelli: Boleslaw Chrobry

Wie er als erfolgreicher Feldherr die Grenzen Polens immer mehr erweiterte, so suchte er auch die inneren Verhältnisse auf die Höhe der westlichen Nachbarn zu heben. Dazu brauchte er damals die Kirche und Mönche, als Hauptträger der christlichen Idee. Bei Adalbert kamen noch besondere Gründe dazu, und zwar, dass er Bischof und ein Mitglied der ihm verbundenen Familie der Slawiks war. Am liebsten hätte er ihn ganz für sich behalten; doch das ging nicht, weil der Papst entschieden hatte, dass Adalbert als Missionar wirken solle, wenn man ihn in Prag nicht haben wollte. Die Antwort aus Böhmen ließ nicht lange auf sich warten, und sie war ein kränkender Affront im Gewand einer höhnenden Selbstverspottung:

„Wir sind Sünder, ein Volk der Ungerechtigkeit mit steifem Nacken. Du bist heilig, ein Freund Gottes, ein wahrer Israelit. Einen so großen und trefflichen Mann ertragen die Gemeinden der Bösen nicht. Denn wenn er kommt, wird er nicht zu unserem Heile kommen, sondern um das Böse und die Unbill zu rächen, die wir seinen Brüdern angetan haben, eine Tat übrigens, die uns noch bis heute freut. Es gibt keinen, der ihn aufnehmen möchte, nicht einen!" (Kirch: Adalbert)

Trotz des verletzenden Inhalts, wurde das Schreiben zum Freibrief für Adalbert. Im Frühjahr konnte er zu den Heiden gehen, aber zu welchen? Wäre Adalbert eine selbstbewusstere Natur gewesen und nicht so sehr daran gewöhnt, sich Anderen zu fügen, dann hätte er vermutlich die Liutizen gewählt, deren Sprache er kannte und die mit Böhmen in Beziehung standen. Aber Boleslaw Chrobry wies ihn auf seine unbequemen Nachbarn, die Prußen[40] hin, von deren Bekehrung er sich größeren politischen Vorteil erwartete. Adalbert fügte sich ohne Bedenken. Da ihm die Klosterpforten am Aventin für immer verschlossen blieben, fragte er nicht lange, wo er dem Heiland neue Herzen gewinnen sollte und für sich selber die Krone des Martyriums, wenn sie ihm nur geschenkt würde. Neue Christen wurden ihm versagt, die Märtyrerkrone aber erlangte er von den Prußen nach nur acht Tagen.

---

[40] Die **Prußen** (nach der Eigenbezeichnung *Prūsai*) waren ein baltischer Volksstamm, auf den der geografische Name Preußen zurückgeht.

Adalbert findet bei den Prußen den Märtyrertod

Der slawisch-lettische Volksstamm der Prußen siedelte im 10. Jahrhundert im Norden zwischen Pregel,[41] Ostsee und den Haffen und war bekannt für den hartnäckigen Widerstand, den sie gegen alles richteten, was von außen kam. Ohne feste Opferstätte, ohne Priester übten sie ihre Religion in archaischen Formen aus. Unversöhnliche Blutrache, Menschenopfer, Tötung von Kindern, Alten und Kranken, Vielweiberei, öffentliche Unzucht und monströse Formen von Aberglauben beherrschten ihr tägliches Leben. Und zu diesem Volksstamm machte sich Adalbert mit seinem Bruder Gaudentius und dem Polen Benedikt auf, um sie für das Christentum zu gewinnen. Man fragt sich, welcher Teufel den Fürsten Boleslaw geritten haben mag, dass er die drei Mönche den barbarischen Prußen gleichsam auslieferte. Dass er von den Gefahren wusste, lässt sich unschwer daraus ablesen, dass er das Boot, das die Missionare von Danzig nach Samland bringen sollte, mit dreißig schwerbewaffneten Kriegern ausrüstete, die aber noch in der gleichen Nacht, nachdem sie die Glaubensboten an der Grenze abgesetzt hatten, zurückruderten.

Es war Freitag der 16. April des Jahres 997, als die Grenzwächter am Nordufer des Pregel, wo der Fluss in das Frische Haff mündete, drei sonderbare Gestalten erblickten. Alle drei waren bartlos und kahlgeschoren, im Grunde ein Unding nach der Auffassung der Männermode von damals, die ausnahmslos Bärte und längere Haare vorschrieb. Zwei von ihnen trugen lange dunkle Kutten und der dritte, der in eine vornehmere Kleidung

---

[41] Der **Pregel** entsteht westlich von *Insterburg* aus dem Zusammenfluss von *Inster* und *Angerapp* und fließt in westliche Richtung durch weites Flachland. Der Fluss spaltet sich in zwei Arme, den Alten Pregel sowie nördlich davon den Neuen Pregel. An der Insel Kneiphof vereinigen sich die Arme wieder. Der Pregel mündet hinter Königsberg in das Frische Haff.

gehüllt war, mochte ihr Anführer sein. Dieser hielt ein Buch in der Hand, und alle drei schienen miteinander zu reden. Doch während ihres Gespräches verneigten sie sich immer wieder und machten eigentümliche Bewegungen mit den Händen: Psalmensingend zog Adalbert mit seinen Begleitern in das Missionsgebiet. Mühsam verständigte man sich, und die Grenzwächter brachten die drei Missionare flussaufwärts zu einer größeren Siedlung, die auf einer Insel lag.

Dort erhielt Adalbert zur Begrüßung einen Ruderschlag zwischen die Schultern, sodass ihm das Psalmenbuch aus den Händen flog. Dann drohte man den „fremden Zauberern" damit, dass man sie zu Tode quälen und ihre Köpfe abschlagen werde, wenn sie nicht augenblicklich verschwinden würden. Adalbert seufzte: „Wenn ich nicht mehr empfangen sollte für meinen gekreuzigten Heiland, einen kostbaren Schlag habe ich sicher."

Daraufhin stiegen sie wieder in das Boot des Grenzwächters und fuhren weiter flussaufwärts. Am Samstag darauf kamen sie auf einen Marktplatz an, wo viele Leute versammelt waren. Man fragte sie, woher und warum sie gekommen seien. Adalbert antwortete, dass sie aus ihrem Nachbarland Polen kämen, als Diener des Höchsten Herrn, der den Himmel und die Erde gemacht habe. Sie kämen auch, sie vor dem ewigen Verderben zu retten und durch das „Bad des Heiles" zu Menschen zu machen, die einst ihren Lohn im Himmel empfangen würden.

Doch die Umstehenden brüllten und schlugen mit ihren Knüppeln die Erde und ließen ihnen schließlich durch einen Dolmetsch sagen: Menschen wie sie seien schuld daran, dass der Boden keine Frucht mehr bringe, dass die Bäume nicht blühten, dass keine Kinder geboren würden und dass die Alten sterben. Wenn sie nicht schnell verschwinden, würden sie morgen getötet werden. Auch den Grenzwächter, der sie im Boot hergebracht hatte, bedrohten sie mit dem Tod. Was blieb also den Bedrängten übrig, als ins Boot zu steigen und noch in derselben Nacht an ihren Ausgangspunkt zurückzukehren.

Dort angekommen wurde ihnen erst bewusst, dass sie ohne wirkliche Vorbereitung ans Werk gegangen waren. Hatte ja schon die fremde Tracht und ihr lautes Beten die heidnischen Gemüter in Aufregung versetzt. Auch erwies sich die Tatsache, dass sie die Landessprache nicht beherrschten als größeres Hindernis, als sie gedacht hatten. Fünf Tage saßen sie im Dorfe der Grenzwächter, überlegten und kamen schließlich zur Einsicht, dass sie ihre Kleidung ändern, ihre Haare wachsen lassen und die Gebete einfach still lesen müssten. Wie die Apostel wollten sie durch ihre Hände ihren Unterhalt bestreiten und sich so allmählich den Leuten annehmbar machen. Wenn sie aber bei den Prußen nicht bleiben könnten, wollten sie zu den Liutizen ziehen, deren Sprache sie verstanden.

Am Donnerstag zu Mittag verließen Adalbert und seine Begleiter die Pregelmündung. Ein Schiff, das sie wieder durchs Haff nach Danzig hätte bringen können, war nicht aufzutreiben. So versuchten sie über Land in das Gebiet der Liutizen zu kommen. In der Nacht lagerten sie in einem Wald, als Gaudentius träumte, er habe der Messe des Bruders beigewohnt und am Ende einen Schluck aus dem goldenen Kelch nehmen wollen, der in der Mitte des Altares stand. Aber ein Diener hinderte ihn daran, indem er sprach: „Einem Fremden ist es in keiner Weise erlaubt, der Bischof muss den ganzen Kelch austrinken".

Die Brüder deuteten den Traum auf den nahen Martertod von Adalbert, und sie sollten recht behalten. Still und in sich gekehrt setzten sie ihre Wanderung fort. Auf einer Lichtung, einer blühenden Wiese, feierte Gaudentius die Hl. Messe, und Adalbert kommunizierte. Nach der Feier aßen sie ein wenig. Dann wollten sie weiter. Doch

Adalbert war so erschöpft, dass er nach wenigen Schritten aus Schwäche zusammenbrach und sofort einschlief. Daraufhin legten sich die beiden anderen neben ihm zur Ruhe und schliefen auch ein. Gegen Mittag hörten sie den Hufschlag von Pferden. Sie waren noch nicht richtig bei Bewusstsein, als man sie schon gefesselt hatte. Sieben wilde Prußen umringten sie, deren Hauptmann, ein alter Götzenpriester, den die Wut über sein gefährdetes Amt und Blutrache – sein Bruder war von einem Polen erschlagen worden – angetrieben hatte, den Mönchen nachzureiten. Die entscheidende Stunde war da. Adalbert sollte das Opfer sein. Er wurde von seinen Gefährten weggerissen und auf eine nahe Anhöhe geschleppt. Ab diesem Zeitpunkt weichen die Berichte voneinander ab. Während in der römische Biographie Adalbert noch zuletzt hochgestimmte Worte an seine Brüder richtete und heiße Bitten für das Heil seiner Verfolger zum Himmel schickte, erzählte Brun von Querfurt [42] die weniger glänzende aber erschütternde Wahrheit. Man spürt wie schwer es ihm fiel, von der Furcht und der Angst, von der Blässe und dem Zittern zu berichten, das im letzten Augenblick den Helden überkam. Und er suchte und fand eine rührende Entschuldigung, indem er Adalberts

---

[42] **Brun**, Sohn des sächsischen Edlen Brun und Ida, war vermutlich mit dem deutschen Kaiserhaus der Ottonen verwandt. Durch den Märtyrertod von Adalbert von Prag im April 997 erschüttert, wollte er in dessen Fußstapfen treten. Auf Wunsch von Otto III. sollte er die Mission in Polen übernehmen. 1002 wurde er von Papst Sylvester II. mit der Mission im Osten beauftragt und bekam das Pallium überreicht. Weil Ottos Nachfolger Heinrich II. gegen Polen gerade Krieg führte, wich Brun nach Ungarn aus. Anfang 1009 wandte sich dann - wieder erfolglos - der Mission unter den Prußen zu. Auf dem Weg zurück nach Russland wurde er zusammen mit 18 Gefährten von Heiden überfallen und enthauptet. Neben Thietmar von Merseburg gilt Brun als der bedeutendste Chronist seiner Zeit. Auch verfasste er eine Vita über Adalbert von Prag. Eine wichtige Geschichtsquelle bedeutet vor allem sein Briefwechsel mit Kaiser Heinrich II.

Angst und Schwäche mit den Stunden unseres Erlösers auf dem Ölberg in Beziehung setzte.

„Und man wundere sich nicht", so schreibt er, „dass der Heilige, geradezu gebrochen, die Kräfte verlor, der in so vielen Jahren unter den Stürmen der Prüfungen feststand als unerschütterlicher Baum, gerade jetzt, da sich das Ende nahte und er die Palme empfangen sollte. Schwitzte nicht der größere Herr, unser Erlöser Jesus Christus, beim Nahen des Leidens Blut, und erklärte nicht der, der die Macht hat, das Leben zu lassen und zu nehmen, den ihm nachfolgenden Jüngern, dass er betrübt sei bis zum Tod? Es sagen, die bei jenem Kampfspiel zugegen waren (Gaudentius und Benedikt), dass der bleiche Bischof auch nicht ein Wort gesprochen habe. Nur als sie den Gebundenen auf den Vorsprung des Berges führten, habe er jenem, dessen Lanze damals den ersten Stoß geben musste, und der den Körper zur Hinrichtung aufstellte, mit schwacher Stimme gefragt: ‚Was willst Du Vater?'"[43]

Von sieben Lanzen durchbohrt brach der Bischof zusammen. Es war der 23. April 997, am Fest des Hl. Georg. Die beiden Begleiter wurden bald freigelassen. Der Körper und das Haupt, das die Mörder dem toten Adalbert abgeschlagen hatten, wurden sorgfältig bewacht, weil sie hofften, dass der Leichnam vom Polenfürsten mit Gold aufgewogen werde. Und so geschah es. In der Marienkirche zu Gniezno (Gnesen), dem Mittelpunkt des damaligen Polenreiches, wurde der Leichnam des Märtyrers zur Ruhe gebettet.

---

[43] (A. Kolberg, Albertsleben, Stuttgart 1907)

Abb. 19: Adalberts Martyrium (Bronzetür am Dom von Gnesen)

Heiligsprechung von Adalbert

Als der junge Kaiser Otto III. vom Märtyrertod seines geistlichen Freundes erfuhr, setzte er alle Hebel in Bewegung, um dem neuen Blutzeugen die Ehre der Altäre[44] zu verschaffen. Tatsächlich scheint die Heiligsprechung von Adalbert noch im Juni 999 von Papst Silvester vorgenommen worden zu sein. Im Frühling des Jahres 1000 erschien Otto III. mit großem Gefolge am Grab des Heiligen und verkündete die im Einverständnis mit dem Papst getroffene Bestimmung, wodurch Gniezno zum Erzbistum erhoben und Adalberts Bruder Gaudentius zum ersten Erzbischof ernannt wurde. Drei Bistümer, Kolberg, Krakau und Breslau bildeten nun gemeinsam mit Gniezno eine neue Kirchenprovinz. Boleslaw Chobry konnte zufrieden sein. Adalbert hat nach seinem Tod dem Polenreich mehr gedient denn als Lebender. Doch

---

[44] **Märtyrer** und Menschen, die nachweislich ihr Leben nach den idealen Anforderungen des Christentums geführt haben werden in den christlichen Kirchen über den Altären in Bildern und Statuen dargestellt und verehrt. (NICHT angebetet!)

wie sich Gaudentius an diesem Tag fühlte, der alle Irrfahrten und Schwierigkeiten, alle Ängste und schließlich die Ermordung seines Bruders miterlebte, das steht auf einem anderen Blatt.

Späte Liebe der Böhmen zu ihrem vertriebenen Bischof

Und die Böhmen? Jetzt hätten sie gerne ihren Anteil am Ruhm des Märtyrers gehabt. Sie lösten diese Frage auf ihre Art. Im Jahre 1039 erschien ein Böhmenheer unter Bretislaw vor Gniezno und forderte vor jeder anderen Beute, den Leib des heiligen Märtyrers. Nur mit Mühe konnte ihr Bischof Severus die ungehobelten Krieger davon abhalten, dessen Sarg unter dem Altar sofort herauszuziehen. Daraufhin ordnete er ein dreitägiges Fasten an, um für die begangenen Frevel Sühne zu leisten. Herzog Bretislaw versprach mit feierlichem Eid, in Zukunft alles zu erfüllen, was der Hl. Adalbert zu seinen Lebzeiten vergeblich gefordert hatte. Schließlich nahm man nicht nur die sterblichen Überreste des Märtyrers, sondern auch die Gebeine des Erzbischofs Gaudentius und anderer Märtyrer des Benediktinerordens mit und führte sie unter Siegesjubel in die Heimat zurück. Am 24. August 1039 zog Bischof Adalbert wieder in seine Prager Domkirche ein, wo seine Gebeine noch heute ruhen.

Abb. 20: Heiliger Adalbert Gebetsbildchen (19.Jh)

Als Bischof hätte es sich Adalbert bequem machen können. Er hätte sich mit Glanz umgeben und allem Streit aus dem Weg gehen können. Aber er nahm den Kampf gegen die Verfehlungen seines Volkes auf, um sie für Christus zu retten und wurde dadurch zum Gedemütigten und Verfolgten für die Rechte Gottes. Dann klopfte er an Klosterpforten und focht in siegreicher Demut den Kampf mit der Sehnsucht des eigenen Ich. Letztendlich musste er zweimal den Klosterfrieden verlassen und von neuem die Arbeit für das Gottesreich beginnen, um schließlich in der Nachahmung des Kreuzestodes von Christus, den blutigen Märtyrertod zu erleiden.

Adalbert zählt zu den Heiligen, deren Leben sich im krassen Gegensatz zu allen natürlichen und menschlichen Erwartungen gestaltete. Als Bischof vertrieben und verfolgt, als Mönch mehr gelitten als wirklich akzeptiert, als Missionar schon im Ansatz gescheitert. Neben seinem äußerlich so wenig erfolgreichen Wirken starb er auch einen scheinbar sinnlosen Tod.

Aber die Berufung des Menschen durch Gott ist geheimnisvoll und undurchschaubar. Letztlich wurde Adalbert zum eigentlichen Gründer des Erzbistums Gnesen, verehrt vom Kaiser und den Großen seines Reiches. Überdeutlich zeigt uns sein Lebensschicksal, dass es offensichtlich nicht darauf ankommt, was wir in unserem Leben konkret erreichen. Diese Wahrheit anzunehmen ist schwer und bitter. Jeder von uns kennt das Gefühl des Scheiterns und wie leicht wir verzweifelt und müde werden und aufgeben wollen. Doch auch für uns gilt das Versprechen, dass aus unserem vergeblichen Einsatz Großes und Unerwartetes entstehen kann. Vielleicht bleibt der Wert unseres Einsatzes verborgen, doch mit Sicherheit nicht wirkungslos. Wir müssten nur manchmal genau hinschauen und die Barriere unseres Selbstmitleids mit IHM gemeinsam beiseite räumen.

Bei Gott gilt unser Einsatz, unsere Bereitschaft und Selbstüberwindung, um seine Pläne zu erfüllen und nicht der Erfolg, der aus unzähligen Gründen nicht unmittelbar sichtbar werden kann. Doch wächst aus jedem Samenkorn neues Leben.

Dass Böhmen den Hl. Adalbert bis heute als geistlichen Vater verehrt, muss dem Historiker wie Hohn klingen. Für den christlich orientierten Menschen ist klar, dass es die Auferstehung Jesu Christi ist, die unsere Religion trägt und hält. Daher wird Adalbert mit Recht als Patron der Böhmen verehrt, obwohl er erst nach seinem Tod von seinen Landsleuten gewürdigt und anerkannt wurde.

Odilo von Cluny
(961–1049)

Die Biographie von Odilo von Cluny verdanken wir seinem Schüler Jotsald, der sie bald nach dessen Tod niederschrieb. Darüber hinaus gibt es aber noch Quellenstudien neueren Datums, die sich mit dem wichtigen Reformwerk der cluniazensischen Äbte befassen.

Schon die Gründungsgeschichte von Cluny zeigt, dass hier von Anfang an Bedingungen geschaffen wurden, die später segensreich über ganz Europa ausstrahlen konnten. Wilhelm, der Herzog von Aquitanien, ein mächtiger und gleichzeitig frommer Mann, wollte um das Jahr 910 ein Kloster gründen.

Er überlegte lange, wie es am besten zu machen sei, dass sein Kloster nicht zum Zankapfel zwischen Grafen und Bischöfen werde und die Mönche nicht bald nach Ritter- und Räuberart ihr Leben leicht und abwechslungsreich gestalteten. Dazu wollte er seinen Grund und Boden nicht verschenken.

Schließlich entschloss er sich, das neu zu gründende Kloster der Oberhoheit des Papstes direkt zu unterstellen. Doch auch der Papst sollte nicht über Clunys Besitz verfügen dürfen. Volles Recht über Cluny wurde zwei Fürsten übergeben, von denen er wusste, dass sie sich mit Sicherheit nicht am Klostergut vergreifen würden: den Apostelfürsten Petrus und Paulus. Als Wilhelm diese Verfügung traf, konnte er nicht ahnen, dass diese klugen Vorkehrungen eine kirchliche Reformbewegung ermöglichten, die Europa aus einer tiefen geistigen Krise erretten würde.

Schon mit der Gründung wurde in Cluny die Benediktinerregel den Erfordernissen der neuen Zeit angepasst. In der Lebensweise der Mönche herrschte weise Mäßigung, doch hielt man an den erfüllbaren Forderungen des Klosterlebens fest.

Und dazu kam eine nahezu singuläre Erscheinung: Während zweihundertfünfzig Jahren standen nur fünf Äbte der Verwaltung des Klosters vor, und jedem gelang es, den guten Geist der Anfangsjahre zu bewahren und die Mönche so zu führen, dass sie zu Botschaftern des cluniazensischen Geistes in ganz Europa werden konnten. Gleichzeitig verblieben die neugegründeten Klöster unter der Oberleitung der Äbte von Cluny, wodurch sie der bischöflichen Oberhoheit entzogen waren. Damit wurde ein benediktinischer Grundsatz, der ursprünglich zur Intensivierung der persönlichen Beziehung zwischen einem vorbildlichen Abt und seinen Mönchen gedacht war, sinnvoll an die zeitbedingten Verhältnisse angepasst. So mussten auch die Äbte der neuen Klöster ihre religiösen Pflichten ernst nehmen und zu Reformklöstern werden, um in einer von Besitzgier und Gewalt beherrschten Zeit ein geistiges Gegengewicht zu bilden.

Jugenderlebnisse

Unter den fünf großen Äbten von Cluny nahm Odilo die dritte Stelle ein. Geboren wurde er als Sohn von Berald, Graf von Mercoeur, dessen Besitzungen in Südfrankreich lagen. Odilo wuchs mit sieben Brüdern und zwei Schwestern auf. Es wird berichtet, dass er als kleiner Bub von einer Krankheit heimgesucht wurde, die zur völligen Lähmung führte. Als die Familie einmal eine größere Reise antrat, legte man Odilo in ein tragbares Bett und übergab ihn der Sorge einer Wärterin. Sie sollte der schneller reisenden Herrschaft mit einem Teil der Dienstboten nachfolgen. Unterwegs machten die Nachzügler in einem Dorf halt, und die Wärterin stellte die Trage auf der Schwelle der Dorfkirche ab, die der Gottesmutter geweiht war. Sie selbst versuchte, mit den anderen in den Häusern der Umgebung Lebensmittel zu besorgen. Odilo war allein. Und plötzlich überkam ihn große Lust, aufzustehen und sein Bett zu verlassen. Er versuchte sich aufzurichten, und es gelang. Er kroch heraus und schleppte sich bis zum Altar. Dort kletterte er die Stufen hinauf, hielt sich am Altartuch fest und richtete sich mit großer Anstrengung auf. Dann stand er aufrecht da und fühlte, wie ihn eine neue Kraft durchströmte und er sich frei bewegen konnte. Voller Freude und Jubel sprang er die Stufen hinunter und probierte seine Beine aus, indem er in der Kirche herumlief. Dort fand ihn auch die Wärterin und die Diener, die ihn schon gesucht hatten.

Die wunderbare Heilung in der Kirche der Muttergottes wurde zu einem Schlüsselerlebnis seines Lebens, das er immer dankbar vor Augen hatte. Als er zum Jüngling herangewachsen war und mit den Problemen, Sehnsüchten und Wünschen eines jungen Mannes kämpfte, entschloss er sich eines Tages, dort Hilfe und Trost zu suchen, wo ihm schon einmal geholfen wurde. Ohne ein Wort zu sagen, brach er auf und pilgerte zum Kirchlein zu „Unserer Lieben Frau". Wieder trat er vor den Altar, auf den die Gestalt der Muttergottes niederlächelte, wie damals, als er als Kind in dem Kirchenraum herumgelaufen war. Odilo sprach gleichsam als Gelöbnis die Worte:

„Milde Jungfrau, Du Mutter des Heilandes aller Zeiten! Vom heutigen Tage an und dann für immer sollst du mich in deiner Gefolgschaft haben. Stehe du in aller Not mir bei, gnädige Fürsprecherin! Du bist mir ja nächst Gott das Liebste, lass mich dein eigen sein für immerdar!" (Jotsald 2,1)[45]

Da die Eltern Odilo für den geistlichen Stand bestimmt hatten, schickten sie ihn in die Schule, wahrscheinlich in die Domschule von Marcon. Dort war er einer der begabtesten Schüler. Man bewunderte ihn und bald erhielt er die niederen Weihen. Da ihm der Vater während dieser Zeit sein reiches Erbteil übergab, wurde er früh selbst-

---

[45] Konrad Kirch, Odilo von Cluny In: Helden des Christentums II Aus dem Mittelalter; 2. Mit Zepter und Hirtenstab - Paderborn 1924

ständig. Das Domkapitel verlieh ihm Titel und Einkünfte, und die Stiftsherren von Marcon übertrugen ihm die Abt- und Propstwürde an der Bischofskirche, was gleichbedeutend war mit der sicheren Aussicht auf den Bischofsstuhl von Marcon oder einen der Nachbardiözesen.

Im Kampf um seine Berufung

Odilo war damit in der Lage, auf eine gesicherte Zukunft in Reichtum und Macht blicken zu können – eine glückliche Lage, die er sich durch seine Herkunft, seinen Charme, seine natürliche Begabung und nicht zuletzt durch sein attraktives Äußeres erworben hatte. Für ihn hingen die Trauben nicht zu hoch, und die Menschen des zehnten Jahrhunderts hätten es ihm nicht übelgenommen, wenn er zugegriffen hätte; lebten doch viele Kirchenfürsten und sogar Mönche nach Ritterart. Jagden, Festgelage, Nichtstun und selbst das Laster waren ihnen Tagewerk und Inhalt des Lebens. Im Grunde stand ihm jede Tür offen, die er durchschreiten wollte.

Doch gerade die Fülle der Möglichkeiten, das Fehlen jeglichen Widerstandes, erweist sich nicht selten als mächtige Herausforderung für eine junge Persönlichkeit. Doch Odilo widerstand den Lockungen seiner Umgebung, und das allein ist schon als Wunder zu werten, wenn man den sozialen Druck und die Befindlichkeit eines jungen Mannes zwischen zwanzig und dreißig Jahren in Betracht zieht.

In seiner Biografie wird die Muttergottes als wichtigste Stütze für die geistige Rettung ihres begabten Schützlings betrachtet. Dazu kamen als natürliche Gründe das Vorbild eines vornehmen und gerechten Vaters und eine unerklärliche Sehnsucht, die sich immer wieder meldete. Und wenn er dieser Sehnsucht nachspürte, dann erschien ihm sein gegenwärtiges Leben nutzlos und leer. Das Warten auf den Tod eines Bischofs, das Verwalten von Pfründen um seiner Einkünfte willen, die Gefahren eines genussvollen Lebens standen lebhaft vor seinen Augen, und er wollte fliehen. Doch wohin? Dorthin, wo das reine Geistesleben zu Hause war, wo die irdischen Wünsche nicht mehr dominierten. Doch wie schon so oft – wir kennen den Kampf des Hl. Augustinus aus seiner eigenen Feder und manche Überlieferung von anderen Heiligen – tobte auch in der Brust des jungen Odilo der altbekannte Sturm zwischen geistiger Sehnsucht und natürlichen, menschlichen Leidenschaften und Bedürfnissen.

Doch schließlich kam für den jungen Ritter der Tag der Erlösung. Eines Tages kam Majol von Cluny ins Auvernerland und war Gast im Haus des Bischofs von Marcon. Odilo begegnete dem Abt und fasste Vertrauen zu dem 85jährigen Mann, der ihm wie ein gottgesandter Engel erschien. Der altgediente Gottesmann und der junge Edelmann standen einander gegenüber. Als der Jüngling fragte. „Was soll ich tun?", fühlte sich Majol an Christus erinnert, dem der reiche Jüngling sagte: „Dies habe ich alles beobachtet von Jugend an. Was fehlt mir noch?" (Lk 18,21) Da begann auch Majol den Jüngling zu lieben und rief ihm zu: „Verlass die Welt! Komm ins Land der Verheißung!"

> Diese Worte senkten sich tief in die Seele des jungen Mannes, aber noch war er nicht bereit, alles zu verlassen. Ein Jahr noch währte der Kampf in seinem Innern, bis er eines Tages so weit war und mit einem Ruck die Last der Welt von den Schultern warf und in das Gelobte Land wanderte. Und es war nicht weit entfernt das Gelobte Land: er fand es im Nordosten seiner Heimat. Es war die Abtei Cluny. (Kirch: Odilo von Cluny)

Mönch in Cluny

Das zehnte Jahrhundert war eine der dunkelsten Epochen Europas. Wenn es nicht der Hl. Geist gewesen wäre, der die Kirche lenkte und leitete, dann wäre sie damals sicher zugrunde gegangen. Normannen, Sarazenen und wilde Horden aus Ungarn fegten in regelmäßigen Abständen über Europa. Fürsten und König lagen untereinander im Streit. Sie stritten um Bischofssitze und Abteien und setzten Kirchenfürsten ein und ab, je nach Laune. Auch in Rom war es nicht besser. Die Menschen klammerten sich mit allen Fasern an Macht und Reichtum. Ob sie durch Recht oder Unrecht dazu kamen, war ihnen gleichgültig. Und sie standen zu ihrer gewaltsamen Lebensweise, die Menschen des Eisernen Zeitalters. Aber zur Ruhe kamen sie ebenso wenig wie die aufgeklärten Menschen von heute.

Manchmal geschah es, dass sie ihre bunten Gewänder ablegten, sich in das raue Gewand der Büßer hüllten, in ein Kloster zurückzogen und ihr Leben völlig änderten. Andere verschenkten ihren Besitz an ein Kloster in der Hoffnung, dass die Mönche oder Nonnen für sie beteten. Oder sie ließen sich Grabstätten unter den Altären der Heiligen graben, um unter dem Schutz der Freunde Gottes einer Bestrafung zu entgehen, die sie durch Gewalttaten und Sittenlosigkeit verdienten. Doch schließlich verkamen auch die Klöster in dem Sturm, der über Europa hinwegfegte. Das christliche Abendland stand endgültig vor dem Abgrund, ohne Liebe und ohne Hoffnung.

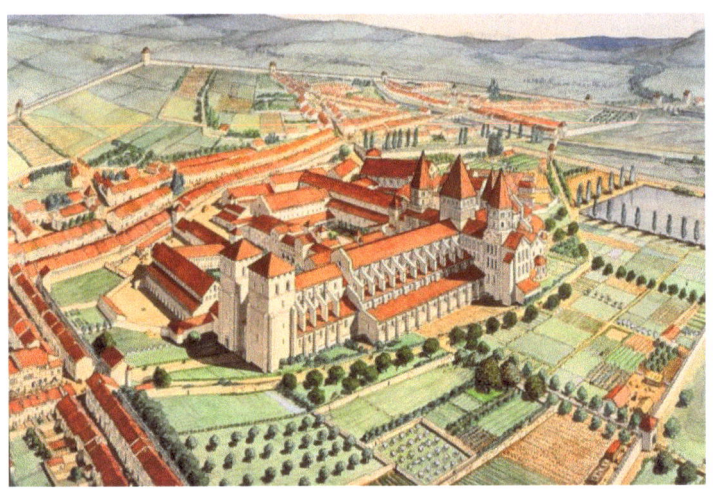

Abb. 21: Ansicht von Cluny zur Zeit Odilos (12.Jh.)

Abb. 22: Cluny heute

Doch inmitten dieses geistigen Winters entwickelte sich in Cluny eine Kraftquelle christlichen Geistes, die zunächst nur in die eigenen Reihen, später über ganz Europa ausstrahlen sollte. Odilo lebte nun an diesem bevorzugten Platz und hatte nichts anderes im Sinn, als seine Kraft ganz dem kontemplativen Leben zu widmen. Doch dieser Wunsch wurde ihm nicht erfüllt. Es wäre zu schön gewesen! Und wie einst Gregor, der römische Patriziersohn vom Papst in die Pflicht genommen wurde und die schützenden Mauern seines Klosters verlassen musste, um andere, schwerere Aufgaben zu erfüllen, so wurde Odilo sehr bald von dem greisen Abt Majol als Helfer herangezogen, und Odilo fügte sich. Vier Jahre arbeitete er im Dienst des Abtes. Als dieser starb, glaubte sich Odilo frei. Doch das Gegenteil war der Fall. Mit großer Mehrheit wählten ihn seine Klosterbrüder zum Abt. Als er durch den König und den Erzbischof in seinem Amt bestätigt wurde, gab er seinen Widerstand auf, ließ sich zum Priester weihen und nahm die Herausforderung an.

Als junger Abt in der Zerreißprobe mit der Welt

Während Odilo in jugendlicher Begeisterung sich nur mit geistigen und religiösen Dingen zu beschäftigen suchte, zerrten ihn die leidigen Angelegenheiten der Welt zur Erde herab. Der weitläufige Grundbesitz von Cluny reizte die Habgier der Großen. Nach damaligem Verständnis war es nicht einzusehen, wieso wehrlose Mönche über ausgedehnten Grundbesitz verfügen, während man selbst als wenig begüterter Adeliger zuschauen sollte, wie dort gewirtschaftet wurde. Was lag näher, als sich Teile des Klosterbesitzes einfach zu nehmen! Und wer sollte sie daran hindern? Wahrscheinlich gedachten sie auch die Unerfahrenheit des jungen Abtes auszunützen. So begannen zwei Grafen auf dem Boden des Klosters Zwingburgen zu bauen. Ritter und Räuber, sogar fahrendes Volk vergriffen sich am fetten Klostervieh, trieben am hellen Tag Pferde, Rinder und Schweine fort und verspotteten die schreienden Mönche in ihrer Hilflosigkeit. Doch Odilo schaute dem Treiben nicht lange zu. Er verklagte Grafen und fahrendes Volk auf der „Synode von Ause" bei den zuständigen Bischöfen. Daraufhin erließen diese scharfe Entscheide gegen die Übeltäter: Sie bedrohten die Grafen mit ewigen Höllenstrafen, wenn sie das Burgbauen nicht ließen; die gleichen Strafen sollten Ritter und fahrendes Volk treffen. Das half für eine Weile, aber schon um das Jahr Tausend wiederholte sich das leidige Spiel der Grafen. Wieder bauten sie auf Klostergrund Burg um Burg. Wieder erhob Odilo dagegen Einspruch, doch es nützte nichts. Aber in diesem Fall griffen die Apostelfürsten ein. Einer der Grafen erkrankte so schwer, dass er sich nicht mehr rühren konnte. Sein Gegner nützte die Chance, griff dessen Burg an und schleifte sie.

Im Grunde war der Klosterbesitz fast ständig bedroht. Als es später wieder einmal besonders arg wurde, erließ Papst Benedikt VIII. eine strenge Bulle an die Bischöfe von Frankreich. Darin führte er die Eindringlinge mit Namen an, so auch einen gewissen Ildinus, der als grundschlechter Mensch beschrieben wurde, „der ungescheut Klostergut an sich reißt, nachher Buße heuchelt, aber sich nie bessert und alles zurückbehält!" und um den Räubern die Rückerstattung zu „erleichtern", wird hinzugefügt: „Wer seinen Raub nicht herausgibt, den soll der Kirchenbann und alle Flüche des Alten und Neuen Testamentes treffen!" – Das half! Denn die Flüche des Alten Testamentes wollte niemand so leichten Sinnes auf sich laden.

Vielleicht fragt man sich jetzt, warum die Äbte so krampfhaft an ihrem Besitz festhielten? Ob es wirklich sinnvoll war, so große Liegenschaften von Mönchen verwalten zu lassen? Doch die Liegenschaften stammten ausnahmslos aus Schenkungen und wurden der Verantwortung der Klöster in bewusster Absicht übergeben. Sie wurden einerseits für den Bau und die Erhaltung der Klosteranlagen eingesetzt; andererseits waren die Klöster die einzige Sozialeinrichtung der damaligen Zeit. Egal ob es um die Erfüllung einfachster Bedürfnisse, wie Schutz vor Hunger und Kälte, vor Krankheit und Not ging – in den Klöstern fand sich immer Rat und Hilfe. Dazu kam, dass die Dorfbevölkerung in den klostereigenen Gemeinden wesentlich bessere Arbeitsbedingungen vorfand als anderswo – d.h., dass man schon damals unter dem Krummstab (Abtstab) am friedlichsten lebte.

Der kluge Hirte

Der tiefste Grund für Odilos ständige, aufreibende Sorge war zweifellos das Wohl seiner Mönche: sie mussten unbehelligt bleiben, um ihre geistlichen Aufgaben wahrnehmen zu können. Odilo waren die Streitereien um Grund und Boden, Rechte und Vorrechte in der Seele zuwider. Seine eigentliche Lebensaufgabe erblickte er in der geistigen Leitung seiner Klöster und vor allem von Cluny selbst. Doch auch hier blieben ihm Enttäuschungen nicht erspart. Einigen Mönchen erschien die neue Strenge unbequem, und daher hetzten sie gegen Odilo und versuchten eine Gegenpartei zu bilden. Dieser ermahnte sie und versuchte ihren Umtrieben zu wehren. Als alles nichts half, zeigte er, dass er Eisen im Blut hatte: er ließ die Verantwortlichen ergreifen, gab den Befehl sie zu peitschen, hielt ihnen eine fürchterliche Strafpredigt und jagte sie zum Tor hinaus. Seitdem herrschte Friede, und Odilo konnte dem Zug seines Herzens folgen und Milde walten lassen. Als man glaubte, seine Milde rügen zu müssen, erwiderte er: „Ich will lieber wegen Barmherzigkeit barmherzig gerichtet als wegen Grausamkeit grausam verdammt werden."

Dass er gegen die Aufrührer nicht zu grausam vorgegangen war, bewiesen die Ereignisse von 1004, als eine Welle der Auflehnung durch die Klöster des Frankenreiches ging. Die Mönche erschlugen ihre Äbte oder jagten sie davon und wählten neue, die ihnen zu Willen waren. Odilos rechtzeitiges Eingreifen, seine gerechte Amtsführung und sein liebenswürdiges Wesen hielten jedoch dem Aufruhr stand.

Als Beispiel für die Verehrung, die Odilo bei seinen Klosterbrüdern genoss, möge die folgende Beschreibung eingefügt werden, die Jotsald überliefert hat:

> Aus seinen Augen strahlte ein wundervolles, fast erschreckendes Leuchten, davor gute Menschen nicht bangten, Bösewichte aber zusammenbrachen. Wie das Sonnenlicht den Blumen eine Wohltat, den Nachtgespenstern aber Schrecken ist, so diese Augen und dieses Antlitz! Aus seiner Haltung und Bewegung, aus jeder Gebärde sprach Hoheit. Begegnete er einem, so war's, als ob ein Festtag in die Seele zöge. - Seine Stimme voll Manneskraft und Wohlklang entzückte den Hörer wie Sang und Lied. In seiner Rede und im Benehmen fand man nichts Gesuchtes und Gekünsteltes; alles war durchweht von wohltuender Natürlichkeit. Und dann fügt Jotsald fast wehmütig hinzu: „Gewiss, mit dem Hl. Ambrosius verlegen wir die Tugend nicht in die Schönheit des Körpers, aber solcher Schönheit die Anmut absprechen können wir doch nicht." (Jotsald 1,5)

Jotsald war zweifellos ein bisschen verliebt in seinen Abt. Auch hatte sich die Muttergottes Mühe gegeben, um ihren Liebling mit einer äußeren Erscheinung auszustatten, deren Anmut auch im Habit nicht verloren ging. Und wem dazu noch ein durch Selbstdisziplin und Gnade verändertes Inneres aus den Augen strahlte, dem fehlte nichts, um Jotsald und viele, viele andere ratsuchende Männer zu bezaubern. Und Odilo nahm fast alle auf, die nach Cluny kamen. Als die Mönche zauderten, weil sie um den Lebensunterhalt des Klosters fürchteten, antwortete er: „Brüder, macht kein trübes Gesicht, weil unsere Schar sich mehrt; wer sie berufen hat, wird auch für ihren Lebensbedarf sorgen."

Der Großzügige

Damals begann er zu wirken, der geheimnisvolle Zauber von Cluny. Aus allen Ständen kamen sie: Bischöfe, Fürsten, adelige Herren. Wetterfeste Kriegsmänner und

Männer, die schwere Verbrechen auf sich geladen hatten. Odilo war nicht zaghaft oder bedenklich bei der Aufnahme, wenn er nur den guten Willen sah. Einer davon war der Mörder des Bischofs von Clermont. Cluny genoss Asylrecht, darum suchte der Mörder hier Schutz. Odilo nahm ihn ohne weitere Umstände auf und ließ ihn das Klosterleben mitmachen. Bald hatte er mit den anderen Klosterschülern Lesen und Schreiben gelernt und erwies sich in allem wie ein erprobter Kleriker. Odilo dachte sogar daran, ihn zum Priester weihen zu lassen. Doch holte er vorher noch den Rat des Papstes ein, der ihn davor zurückhielt und ihm darüber hinaus gebot, ihm die Kommunion erst in der Sterbestunde zu reichen. Ein anderes Mal schickte er zwei junge Mönche weg, weil sie im Benediktiner Kloster von Vannes mehr gebraucht wurden als in Cluny, wo sie nur zwei unter vielen gewesen wären.

Abt Ysarn von Marseille kam häufig nach Cluny auf Besuch. Odilo bewirtete ihn glänzend, allerdings mit einer geheimen Schalkhaftigkeit. Denn der Abt Ysarn war ein strenger Asket, der alle guten Dinge dieser Welt mit scheelen Augen ansah. Wenn er dann bei Tisch vor den verlockenden Gerichten saß, wollte er unter diesem oder einem anderen Vorwand bei manchen Speisen nicht zugreifen. Odilo nötigte ihn erst, aber als er nicht darauf einging, schalt er ihn einen Heuchler vor dem Herrn: „Jetzt merkt man's, was in dir steckt; nach außen gibst du dich wie ein gewöhnlicher Christenmensch, aber insgeheim bist du ein furchtbarer Büßer!" Nun konnte Abt Ysarn nicht anders als gute Miene zum bösen Spiel zu machen. Als er Abschied nahm, sah Odilo seine fadenscheinige Kutte und konnte es nicht lassen, ihn auch deshalb zu verspotten. Er zwang ihm eine neue auf, aber ohne Erfolg, weil Abt Ysarn, kaum in Marseille angekommen, seine alte Kutte hervorholte und die neue verschenkte.

Odilos Großzügigkeit wurde nicht von allen gebilligt. Sie warfen ihm vor, dass er gegenüber Gästen und Armen zu freigiebig sei und dass er seinen Mönchen den Weg zum Himmel zu sehr erleichtere. (Wobei fraglich bleibt, ob das überhaupt möglich ist.) Vor allem warf man ihm aber vor, dass er auf Reisen nicht wie ein demütiger Mönch daher ziehe, sondern ganze Scharen von Mönchen in seinem Gefolge habe, wie ein König. Ja, er führe sich auf wie ein Mönchskönig! Dieser Vorwurf traf ihn ebenso, wie Christus am Palmsonntag. Oder später Franz von Asissi, der in manchen Phasen seines Lebens umjubelt und verehrt wurde. Doch der äußere Schein trog. Man gönnte Odilo vielfach nicht, dass viele Adelige und auch Bischöfe in seiner Abtei Zuflucht und geistliche Führung suchten.

Bischof Fulbert von Chartres hatte ihn beobachten können, wie er unter seinen Mönchen lebte und wirkte. Seine Schilderung beweist, dass er nicht nur ein faszinierender Mann von seinen natürlichen Anlagen her war, sondern als Ergebnis seines religiösen Strebens eine Vergeistigung ausstrahlte, wodurch die göttliche Liebe und Kraft gleichsam sichtbar und spürbar wurde.

Odilo verweigert die Bischofswürde

Auf seinen vielen Reisen und in seinen Kämpfen mit den Mächtigen wurde ihm das gewaltige Unheil vertraut, das aus der Simonie (der Käuflichkeit von Kirchenämtern) und den schlechten Gewohnheiten der Kleriker und Bischöfe entstand. Wie jeder verantwortungsvolle Mensch fühlte er sich gedrängt, hier Abhilfe zu schaffen. Doch suchte er nicht durch gewaltsame Lösungen - wie viele Weltverbesserer, die dadurch nur größeres Unheil anrichten - die Situation zu verbessern, sondern durch kluges Abwarten und rechtzeitiges Eingreifen. Mönche, die im christlichen Geist des Hl. Benedikt gelebt hatten, wurden auf die Bischofssitze der Umgebung erhoben.

Von Cluny stammten auch die Äbte, die in den Tochterklöstern oder in bestehenden Klöstern Begeisterung für die christlichen Ideale weckten.

Langsam und stetig machte sich der Einfluss der *Cluniazensischen Reform* in Europa geltend: zunächst in Südfrankreich, dann in Italien, Nordspanien, im übrigen Frankreich bis nach West- und Süddeutschland. Auch im Norden Deutschlands entstand, angeregt durch Bischof Meinwert von Paderborn, ein erstes Tochterkloster von Cluny in Addinghof, das später zu großem Ansehen gelangte und durch die deutschen Kaiser maßgeblich gefördert wurde.

Vielleicht sollte hier auch noch ein persönlicher Zug von Odilo erwähnt werden. Da er in Europa zur Berühmtheit geworden war, kam das Domkapitel von Lyon zu dem Entschluss, ihn zu ihrem Bischof zu wählen. Das Wahlergebnis wurde nach Rom geschickt, und der Papst forderte Odilo in blumenreichen Worten auf, die Wahl anzunehmen. Doch dieser weigerte sich konsequent, den Bischofssitz zu besteigen. Auch als ihm der Papst das Pallium und den entsprechenden Ring übersandte, blieb er bei seiner Weigerung. Warum er sich so vehement sträubte, war zweifellos nicht im mangelnden Gehorsam begründet. Ob die hohe Politik hineinspielte, ob er als Abt von Cluny unentbehrlich war? Odilo hat diese Frage sichtlich im Sinne seines eigenen Gewissens entschieden.

Odilo und Robert von Frankreich

Zur Lebenszeit von Odilo setzte in Frankreich ein desolates Herrschaftsgefüge der gewaltsamen Aneignung von Grund und Gütern keine Hindernisse entgegen, und so blieb die Verteidigung der Schwächsten auch manchmal an einem Abt, einem Bischof oder einem tapferen Gemeindevorsteher hängen. König Robert von Frankreich war in Burgund eingefallen und wollte das ganze

Land an sich reißen. Als ihm die Stadt Auxerre Widerstand leistete, rückte er mit seiner ganzen Heeresmacht zur Belagerung heran. Da ging ihm Odilo mit acht Mönchen entgegen. „König", sprach er mit eindringlicher Kraft, „was erkühnst du dich, gegen diese unschuldige Stadt zu Felde zu ziehen?" Doch blieben seine Worte wirkungslos. Dennoch misslang der Angriff vollständig, weil sich dichter Nebel über der Stadt ausbreitete, und die Belagerung abgebrochen werden musste. Daraufhin wandte sich der König nach Dijon, das erobert wurde, bevor Odilo eingreifen konnte. Doch erreichte er vom König, dass die Stadt wenigstens von Plünderungen verschont blieb. Zur Ehre des Königs muss allerdings festgehalten werden, dass er dem Abt von Cluny trotzdem gewogen blieb.

Im Kampf gegen den Hunger

Eine besondere Gabe war sein unbedingter Wille zu schenken und zu geben. Im Jahre 1028 vernichteten schwere Regen zur Erntezeit das Getreide. Es verfaulte auf den Feldern. Ein Chronist, der alles miterlebt hatte, schreibt darüber:

> (…) und das Elend entfärbte auch die Wangen der Reichen; den Mächtigen verging die Lust an Fehde und Plünderei. Vor Hunger und Mattigkeit verlor die Stimme der Menschen ihren Klang; sie glich dem Laut erstickender Vögel. Da verstummten Zither und Leier, die Stimme der Braut und des Bräutigams; jede Musik hatte ein Ende. Vorbei war's mit Freude und Jubellaut. Kein Mensch kümmerte sich mehr um Wettkampf und Glücksspiel: Überall herrschte Niedergeschlagenheit; machtlos standen Schmerz und Furcht vor Unheil: auf der weiten Welt nur Trauer und Öde.[46]

---

[46] Odilo Ringholz, Der heilige Abt Odilo von Cluny in seinem Leben und Wirken, Brünn 1885

Der Preis des Getreides stieg ins Unermessliche. Wer etwas zu verkaufen hatte, verlangte, was ihm in den Sinn kam. Als es kein Korn mehr gab, nährte man sich von Vögeln und wilden Tieren, dann von Unkraut und Wurzeln der Bäume, und zuletzt vergriff man sich an Menschenfleisch. Nichtsahnende Wanderer wurden überfallen, ermordet und aufgezehrt. Andere lockten Kinder in Verstecke, um über sie herzufallen. Manchmal kam es sogar soweit, dass man auf dem Markt gekochtes Menschenfleisch anbot.

Als man darauf verfiel, Töpfererde mit Mehl zu vermischen und daraus Brot zu backen, erkrankten die Menschen und starben reihenweise.

In dieser Not gehörte Odilo zu denen, die alles Erdenkliche taten, um zu helfen. Noch sind einige Zeilen aus dieser Zeit von seiner eigenen Hand erhalten:

> „Damals", so schreibt er, „wollte ich mich eines Abends zur Ruhe legen. Doch ich konnte nicht einschlafen, auch diesmal nicht, da ich schon viele Nächte ob der bitteren Sorge keine Ruhe hatte finden können. Ich lebte in tiefer Trauer, ich bejammerte mein eigenes Unglück und den Verlust so vielen Klosterbesitzes. Aber das wäre noch zu ertragen gewesen. Ganz und gar beugte mich das ungeheure Elend überall, die schwere Not, das grenzenlose Verderben. Und das ging mir am meisten zu Herzen: das Sterben der Armen, der Untergang des Landes." (Kirch: Odilo von Cluny))

Lange suchte er vergeblich Trost bei Gott. Dann raffte er sich auf und nahm die allerkostbarsten und ihm persönlich wertvollsten Geschenke von Kaiser und Päpsten, um Mehl und Brot für die Ärmsten zu kaufen. Und als er nichts mehr zu verkaufen hatte, ging er von Ort zu Ort, von Schloss zu Schloss, bettelte um Almosen und munterte alle auf zu geben und zu helfen; auch überwachte er persönlich die Verteilung der Lebensmittel.

Vielen Menschen rettete Odilo durch seinen persönlichen Einsatz das Leben. Als 1033 die Not ein Ende fand, begann für ihn und seine Mönche eine neue und anstrengende Arbeit. Die Menschen waren während der Schreckenszeit furchtbar verwildert und verroht. Daher galt es vor allem wieder geordnete Verhältnisse zu schaffen.

Dass die Menschen in dieser Zeit kaum auf den Gedanken gekommen waren, Herz und Hände zu Gott zu erheben, um Hilfe in ihrer Not zu erbitten, erstaunte Odilo und seine Leute. Aus heutiger Sicht ist dies nur zu erklärlich: gehört doch zum geduldigen Annehmen einer Leidenssituation große Selbstdisziplin und Demut. Und diese Tugenden sind Mangelware, damals wie heute.

Odilo war der Liebling seiner Zeit! Könige suchten seine Freundschaft, Bischöfe lebten als Mönche in seinem Kloster, und eine Reihe von Päpsten, von Silvester bis Clemens, behandelten ihn wie Ihresgleichen.

Abb.:23 Hl. Odilo in der St. Urbankirche von Troyes

Allen, denen Odilo nahestand, versuchte er zeitlebens ihr Vertrauen und ihre Liebe mit wahrer Freundschaft zu vergelten. Und er blieb ihnen treu bis über ihren Tod hinaus. Da es so viele waren, denen er im Leben begegnet war, so mag er auf den Gedanken gekommen sein, an einem Tag aller zu gedenken, damit keiner von Gott vergessen würde. Diese Idee lag vermutlich dem Allerseelentag zugrunde, den Odilo in der christlichen Welt einführte. Eine wunderschöne Begründung für ein Fest: die einfache und dankbare Liebe eines Mannes, der jeden seiner Freunde bei Gott geborgen wissen wollte.

Odilos letztes Lebensjahr und Tod

Odilo war 85 Jahre alt, als er sich das letzte Mal nach Rom aufmachte und hoffte, am Grab der Apostelfürsten sterben zu dürfen. Vier Monate lag er dort krank darnieder, aber er erholte sich wieder und musste an Heimkehr denken. In Cluny setzte er seine gewohnte Lebensweise fort und plante noch einmal, alle Töchterklöster zu besuchen. So kam er Mitte Oktober nach Souvigny, wo sein Vorgänger Majol begraben lag. Als er nach zweimonatigem Aufenthalt nach Cluny heimkehren wollte, erkrankte er schwer und erwartete seine letzte Stunde.

Und während dieser Zeit „...erblickte er", so berichtet Mönch Jotsald, der stets bei ihm war, „den bösen Geist, ob mit den Augen des Leibes oder des Geistes, weiß ich nicht. Aber Odilo befahl ihm mit hoheitsvollen Worten, sich davonzumachen: ‚Ich untersage dir, Feind des Menschengeschlechts, durch Christi Kreuz alle Macht über mich. Das Kreuz des Herrn ist mein Leben; dir ist's der Tod!'"

Odilo war und blieb der Sohn eines angesehenen Grafen Südfrankreichs, der auch auf dem Sterbebett mit dem Fürsten dieser Welt verhandelte, wie es einem Adeligen zukommt, der ganz genau weiß, unter welcher Fahne er dient und gedient hat.

Zu Weihnachten hatte er wieder genug Kraft, um aufzustehen und Predigten zu halten, zu singen und die Psalmen zu beten, doch wirkte er dabei so verändert, als ob er schon mehr im Jenseits als im Diesseits wäre. Bis zum Silvesterabend zog sich sein Leben hin, und nach Klostersitte bettete man ihn nach dem Abendgebet in seiner Zelle auf ein grobes Tuch, das man auf den Boden gelegt und mit Asche bestreut hatte.

Odilo schlug die Augen auf und fragte den Mönch Bernhard, seinen Pfleger: „Wo bin ich?" Bernard antwortete: „Herr, auf Sack und Asche." – „Gott sei Dank!" erwiderte

Odilo. Dann fragte er: „Sind die Klosterknaben und die Brüder zugegen?" Als das bejaht wurde, schwieg er eine Weile, bewegte seine Lippen im Gebet, schloss die Augen und verschied ohne Todeskampf. Das geschah in der Silvesternacht des Jahres 1048.

Heinrich II.
(973–1024)

Die Zahl der heiligen Könige ist sehr klein – kein Wunder, wenn man bedenkt, welche Anforderungen an einen solchen gestellt werden. Schließlich braucht es einen außerordentlich starken Willen, um sich dem christlichen Geist freiwillig zu unterwerfen. Darüber hinaus kann man davon ausgehen, dass nur eine außerordentliche Gnade einen König zum Heiligen macht.

Als Zeugen dafür gelten der hl. Edward von England, der hl. Stephan von Ungarn, der hl. Knut von Dänemark, der hl. Ludwig von Frankreich und Heinrich II. der deutsche König aus dem Geschlecht der sächsischen Luidolfinger, besser bekannt als Ottonen.

In seiner Heiligsprechungsbulle von Papst Eugen III. ist zu lesen:

> „… obschon er Kaiserkrone und Szepter trug, lebte er doch nicht wie ein weltlicher Kaiser, sondern wie ein heiliger Geistesmann."

Und hinzuzufügen wäre, dass er mit der schweren Aufgabe, die ihm gestellt war, nicht allein fertig werden musste, sondern eine selbstständig denkende und tapfere Gefährtin in seiner Frau Kunigunde gefunden hatte, die ihn nicht nur auf allen seinen Reisen begleitete, sondern das „barmherzige Ich" repräsentierte, das immer wieder um Milde bat, wenn die strenge Hand des Herrschers vielleicht anders entscheiden wollte.

Schatten über Heinrichs Kindheit

Am 5. Mai 973 starb Kaiser Otto I. der Große. Am Tag darauf wurde dem Neffen des Kaisers, dem Bayernherzog Heinrich ein Sohn geboren, der auch den Namen des Vaters bekam. Schon bald nach seiner Geburt begannen innerhalb der Familie folgenschwere Auseinandersetzungen. Der Vater des neugeborenen Heinrich hatte die Thronrechte des neuen Kaisers angefochten und sich gegen Otto II. aufgelehnt. Er wurde verhaftet und nach

Ingelheim in Gewahrsam gebracht. Heinrich gelang es zu fliehen, und nach zwei Jahren begann er den Streit von neuem. Schon hatte sich Heinrich der Zänker, sein Beiname erklärt einiges, vom Bischof Abraham aus Freising zum König krönen lassen, als Otto II. im Sommer 976 mit seinem Heer in Bayern erschien, die Hauptstadt einnahm und auch in den nachfolgenden Kämpfen siegreich blieb. Von einem Fürstengericht, das in Quedlinburg zusammentrat, wurde Heinrich sein Herzogtum aberkannt und er selbst nach Utrecht verbannt. Heinrich, der fünfjährige Sohn des Herzogs, wurde dem Kloster Hildesheim zur Erziehung übergeben, während die restliche Familie mit dem Vater in die Verbannung zog. Als Otto II. 983 starb, erwirkte Heinrich durch Bischof Poppo von Utrecht seine Entlassung und strebte als nächster Verwandter des vierjährigen Otto III. nicht nur die Vormundschaft, sondern darüber hinaus die Königswürde an. Diesem Anspruch setzte Bischof Willigis von Mainz eine entschiedene Grenze, indem er die Treue der Franken und der Sachsen für Otto III. gewinnen konnte. Dem sächsischen Heer wollte Heinrich dann doch nicht gegenübertreten, und entschloss sich auf seine Ansprüche zu verzichten und den Knaben Otto der Mutter Theophano und seiner Großmutter Adelheid zu übergeben. Nachdem er Anfang 985 in Frankfurt am Main dem kleinen König den Vasalleneid abgelegt hatte, wurde er wieder mit Bayern belehnt.

Von diesem Augenblick an war Heinrich ein anderer Mann. Offensichtlich hatte er endlich begriffen, dass er für seine Familie und seine bayrischen Untertanen Verantwortung übernehmen musste und Kraft und Leben seiner Untertanen nicht in sinnlosen Machtkämpfen aufreiben durfte. Im Grunde ist die Wandlung von Heinrich dem Zänker zu Heinrich dem Friedliebenden schon ein kleines Wunder, das in der Geschichte kaum seinesgleichen findet. Normalerweise bleiben Herrscherfiguren unbeugsam und starr in ihrem Verhalten, koste es, was es wolle. Doch Heinrich, der Bayernherzog, wurde ein wohltätiger und gerechter Herrscher und geradezu als Vater des Vaterlandes von den Menschen verehrt.

Abb. 24: Heinrich, der Zänker

Zehn Jahre waren dem jungen Heinrich gemeinsam mit seinen Eltern und Geschwistern in der Heimat vergönnt. Die Weiterbildung des jungen Mannes, der in Hildesheim seine wissenschaftlich-theologische Grundausbildung erhalten hatte, übernahm nun der hl. Wolfgang.

Dieser begann als Benediktinermönch in Einsiedeln und war 968 von Bischof Ulrich von Augsburg zum Priester geweiht worden. Einem visionären Anruf seines Abtes Otmar gehorchend, zog Wolfgang als armer Glaubensbote durch Noricum, bis ihn - durch sein erfolgreiches Wirken aufmerksam gemacht - Bischof Pilgrim von Passau als Bischof für Regensburg vorschlug. Kaiser Otto I. und der Klerus zweifelten an der Eignung des unscheinbaren Mönches Wolfgang, bis einer der Zweifler erkrankte und von Wolfgang geheilt wurde. Von 972 bis zu seinem Tod war Wolfgang Bischof von Regensburg. Die vielseitige und umsichtige Tätigkeit, die er in Regensburg entfaltete, begründete seine Verehrung schon zu Lebzeiten. Seine besondere Aufmerksamkeit galt der Bildung und Förderung des geistlichen Lebens des Klerus und der Orden, ein Anliegen, das alle großen Geister damals bewegte.

Wolfgang war in seinem Bistum außerordentlich beliebt, nicht zuletzt wegen seiner großen Menschenfreundlichkeit und Güte, seiner Demut und ungewöhnlichen Bescheidenheit. Er erkannte bald die überragende Begabung seines herzoglichen Schülers und förderte ihn nach Kräften. Vor allem sollte Heinrich als künftiger Landesherr die kirchliche Erneuerung maßgeblich fördern.

Der Geist des Christentums hatte zu Heinrichs Zeiten nur selten die Herzen der Menschen wirklich berührt. Die Priester in den Gemeinden waren oft rohe und besitzgierige Gesellen, die keineswegs als christliche Vorbilder dienen konnten, sondern eher abschreckende Gestalten waren. Dazu kam mancherorts ein Einbrechen der Klosterzucht, was sich verheerend auf die dörfliche Umgebung auswirkte, weil die Einrichtung, die sich in der Vergangenheit als kulturelle und geistige Bastion erwiesen hatte, nunmehr zerstörerisch wirkte. Die Güter der Kirche, die den „Armen gehören sollten" wurden vielerorts geraubt, verschleudert und vergeudet.

Zwar hatte die innerkirchliche Reform, ausgehend von Cluny, schon eingesetzt, doch war der Weg bis zur Umsetzung der Erneuerung noch weit. Wolfgang selbst war unermüdlich unterwegs, um die Reform nach Kräften zu fördern. Doch war ihm bewusst, dass ein allgemeiner und nachhaltiger Erfolg nur dann zu erzielen war, wenn Staat und Kirche zusammenarbeiteten.

Sie hatten beide eine schöne Zeit, der alte und weise Bischof und der junge Heinrich, der im Kloster zu Hildesheim nicht nur eifrig studiert, sondern auch mystische Erfahrungen gesammelt hatte, die ihn für sein ganzes zukünftiges Leben prägen sollten. Zweifellos war er vom klösterlichen Leben fasziniert und träumte sein Leben lang von den stillen Tagen hinter Klostermauern, wo die Begegnung mit IHM gleichsam immer möglich war und sich die liebevolle Beziehung zwischen Menschen und Gott ohne massive Störung immer mehr vertiefen konnte. Abgesehen von seiner hohen Bildung, stand Heinrich mit dieser Geisteshaltung auf einem anderen Stern, wenn man Lebenshaltung und Ansprüche der zeitgenössischen Fürsten damit vergleicht.

Noch diskutierten Wolfgang und Heinrich die Möglichkeiten der kirchlichen Erneuerung in der Studierstube. Doch sehr bald würde Heinrich die schönen Pläne praktisch umsetzen müssen: und zwar allein gegen viele Widerstände.

Herzog Heinrich

Als Heinrich II. den Herzogsstuhl bestieg, war der Hl. Wolfgang, der dem jungen Fürsten zu einem weisen und zuverlässigen Führer geworden war, schon gestorben. Und gerade der Tod des heiligen Bischofs sollte zur letzten Herausforderung seines Vaters, des Herzogs Heinrich, werden. Zwischen ihm und Gebhard, dem Nachfolger von Wolfgang, kam es zu einem Konflikt. Dabei ging es um die Besitzverhältnisse des Klosters St. Emeram, die, wie man glaubte, von Wolfgang geregelt worden waren. Doch dem war nicht so, sodass der Herzog zum Magdeburger Hoftag reiste, wo die Sache vorgetragen und schließlich auch gelöst werden konnte.

Auf dem Rückweg ritt der Herzog zum Kloster Gandersheim, wo seine Schwester als Äbtissin wirkte. Dort erkrankte er so schwer, dass man um sein Leben fürchtete und Boten nach Regensburg sandte, um den ältesten Sohn und Erben zu seinem Vater zu rufen. Als dieser kam und den Vater auf dem Sterbelager fand, vernahm er von diesem die Abschiedsworte:

„Mein Sohn, widersetze dich nie deinem König und Herrn, ich bereue sehr, dass ich es jemals getan habe."

Und es war dem Sterbenden ernst mit seiner Reue. Mit „Kyrie eleison" (Herr, erbarme dich!) auf seinen Lippen übergab er im August 995 seine Seele in die Hände seines Schöpfers. Sein Sohn war bereits vorher, auf ausdrücklichen Wunsch seines Vaters, heimgekehrt, um in Bayern die Herrschaft zu übernehmen.

Zweiundzwanzig Jahre war Heinrich II., als er die Herzogswürde übernahm. Die harte Jugendzeit und das Leben unter fremden Menschen hatten ihn frühzeitig selbstständig gemacht. Da ihn der Vater schon früh zu Regierungsgeschäften heranzog, um ihn nach und nach in das Amt einzuführen, bedeutete die Übernahme seiner herzoglichen Pflichten kein wirkliches Problem. Auch begrüßten ihn seine Untertanen mit Hoffnung und Zuversicht, sodass es für Kaiser Otto III. kein Problem war, den jungen Herzog in seinem Amt zu bestätigen.

Abb. 25: Kaiser Heinrich II.

Im Sinne des Vermächtnisses seines Vaters stand Herzog Heinrich immer auf Seiten des Kaisers. Er begleitete ihn auf seinen Kriegszügen und Pilgerfahrten. Er zog mit ihm nach Polen und dreimal nach Italien.

Otto III. liebte die Römer, doch fand er wenig Gegenliebe, obwohl er sich eine Erneuerung des Römischen Reiches mit den neuen deutschen Ländern erträumte, mit dem Zentrum der Stadt Rom. Im Februar 1001 geschah es, dass der Kaiser auf dem Aventin Hof hielt, während das Heer unter Herzog Heinrich vor der Stadt lagerte. Da brach in Rom ein Aufstand los. Man schloss die Tore und stürmte den Kaiserpalast. Drei Tage war der Kaiser von seinem Heer abgeschnitten und wurde von den Aufständischen gefangen gehalten. Da entschloss er sich, den Ausfall zu wagen. Er feierte mit seiner kleinen Schar die

Hl. Messe und kommunizierte. Dann rüsteten sie sich zum Kampf. Doch in diesem Augenblick erschienen, obwohl schon seit Tagen der Kontakt zwischen Kaiser und Heer abgebrochen war, Herzog Heinrich und Graf Hugo von Tuszien. Durch kluges Verhandeln gelang es ihnen, die Römer zu beruhigen und ihren Herrn zu befreien. Zwar leisteten die Stadtväter von Rom ihren Treueeid in die Hände von Otto III., doch Heinrich traute ihnen nicht und führte das Heer und den Kaiser sehr bald nach Norden ins sichere Ravenna.

Auch in Deutschland gärte es. Die Fürsten waren mit den weitreichenden Plänen des kaiserlichen Jünglings unzufrieden, der für ein neues römisches Weltreich schwärmte und darüber die Nöte und Probleme des Vaterlandes vergaß. Daher suchten sie auch den Bayernherzog auf ihre Seite zu ziehen. Zweifellos waren dem praktischen Bayernherzog die weltfremden Träume des Kaisers ebenso suspekt wie den anderen Fürsten, doch die Worte seines Vaters in Gandersheim hatten sich ihm tief eingeprägt, und so lehnte er jede Teilnahme an einer Verschwörung ab und hielt zu Otto bis zuletzt.

Neben den politischen Aufgaben hatte Heinrich immer wieder strukturelle Probleme der Kirche zu lösen. Das scheint uns heute vielleicht als eine überzogene Amtsauffassung. Doch dürfen wir nicht außer Acht lassen, dass damals die kirchlichen Angelegenheiten eng mit den politisch-weltlichen verbunden waren. Einerseits schuf das Christentum die Basis für eine kulturelle und geistig-soziale Entwicklung der Bevölkerung und andererseits wurden die Bischöfe und Klöster mit Ländereien belehnt oder beschenkt, die sie in Abhängigkeit zum weltlichen Oberhaupt brachten. Diese fatale Wechselbeziehung von materieller Abhängigkeit und geistigem Führungsanspruch von Bischöfen und Papst über die weltlichen Herren führte schließlich im 12.Jh. zu einer schweren Auseinandersetzung zwischen Papst und Kaiser, die tiefe, fast unheilbare Wunden schlug.

Doch noch war ein gerechter, selbstloser Herrscher am Werk, der von einem heiligen Lehrer angeleitet, ziemlich klare Vorstellungen hatte, wie man Missständen innerhalb der Kirche wirksam begegnen könnte. Wolfgang hatte beim früheren Herzog durchgesetzt, die uralte Stiftung von Niederaltaich (Augustiner Chorherren), die ein Lehen des Salzburger Erzbischofs geworden war, aus der weltlichen Abhängigkeit zu lösen und für ein klösterliches Leben und geistliche Anliegen freizumachen. Doch kaum war der Herzog tot, als sich gegen den von ihm berufenen Abt Erkenbert Widerstand erhob, und der junge Heinrich genötigt war, Altaich wieder als Lehen an Salzburg zurückzugeben. Dies war zunächst nur als provisorische Lösung gedacht, weil Heinrich schon einen Mann im Auge hatte, den er als zukünftigen Abt und Erneuerer des Konventes einsetzen wollte. Es war der Mönch Godehard, der als Einziger während des Aufruhrs beim Abt ausharrte. Dieser sollte nach Heinrichs Willen die Leitung des Klosters übernehmen. Godehard weigerte sich. Doch je mehr er sich weigerte, umso mehr hielt Heinrich an seinem Wunsch fest. Es half auch nichts, dass Godehard dem Herzog ins Gesicht sagte, dass das ganze Verfahren gegen Erkenbert ungerecht sei und gegen die kirchliche Ordnung verstoße. Doch erreichte er damit gerade das Gegenteil, weil ihn der Herzog nur noch mehr schätzte, da er Beständigkeit und ehrliche Entschiedenheit daraus ablesen konnte. Daher ruhte Heinrich nicht, bis Godehard nachgab, sich als Abt einsetzen ließ und daraufhin zum eifrigsten Helfer des Herzogs und späteren Königs bei der Erneuerung der Klöster wurde.

Als Godehard die Ordnung in Altaich gesichert hatte, musste er in Hersfeld nach dem Rechten sehen, und bald darauf übertrug ihm Heinrich die Abtei Tegernsee. Wo immer er erschien zeigte sich ein ähnliches Bild. Zuerst wanderten die Mönche in Scharen aus, kehrten aber mit wenigen Ausnahmen bald zurück, um sich fortan in willigem Gehorsam der Regel zu unterwerfen. Denn Godehard gab nicht nach. Seine ruhige Entschiedenheit, verbunden mit seinem Beispiel von ungewöhnlicher Tugend, trug überall den Sieg davon. Er überlebte seinen königlichen Freund um Jahre und starb 1038 als Heiliger auf dem Bischofsstuhl des hl. Bernward von Hildesheim.

Vermählung mit Kunigunde von Luxemburg

Als Herzog vermählte sich Heinrich mit Kunigunde von Lützelsburg (bekannter als die Familie der Grafen von Luxemburg). Dadurch gewann er Beziehungen zu einem weitreichenden Verwandtschaftsnetz im Westen des Reiches, wenn auch Kunigundes Verwandtschaft zu dieser Zeit noch nicht zu den bedeutenden Familien der Region gehörte.

Wie er es schaffte, aus den vielen jungen adeligen Damen gerade diese Gefährtin zu wählen, bleibt ein Rätsel. Damen von Rang und Geburt herauszufinden, die ein ansehnliches Vermögen zu erwarten haben, war zweifellos einfacher, als eine junge Dame zu finden, die treu und verlässlich, gütig und liebevoll an der Seite ihres zukünftigen Ehemannes zu wirken versprach. Doch egal, wie im Hintergrund diese Ehe gestiftet wurde, Kunigunde wurde seine geliebte Hausfrau und Kaiserin, die ihm mit Herz und Seele zugetan war.

Die Hochzeit feierte man in Bamberg an der Regnitz, einer Stadt, die der Vater Heinrichs von Kaiser Otto II. als Geschenk erhalten hatte. Es war ein Lieblingsort Heinrichs, wohin er sich schon seit seiner Jugendzeit gerne zurückzog. An ihrem Hochzeitsmorgen machte er Bamberg und die dazugehörige Umgebung Kunigunde zum Geschenk. Damit wurde die Stadt zu einem Zufluchtsort für beide, wo sie in friedlichen Tagen zusammen sein und sich erholen konnten.

Abb. 26: Porträt der Hl. Kunigunde

Wie wir von einer modernen Frau erwarten, dass sie an den Sorgen und den Aufgaben ihres Mannes Anteil nimmt, eben das wird von Kunigunde berichtet. Ab dem Augenblick, als Heinrich die deutsche Königskrone errungen hatte, finden wir sie ständig in seiner Begleitung. Unermüdlich ritt sie mit ihm landauf und landab; bald begegnen wir ihr in Sachsen, bald in Schwaben, bald in Bayern, bald am Rhein. Sie war bei den Tagungen der Fürsten und bei den Synoden der Bischöfe dabei. Als der König gegen Dietrich von Metz, ihrem Bruder, im Felde lag und Erzbischof Wakthard von Magdeburg auf dem Zug gegen die Polen unerwartet starb, bot sie sogar den sächsischen Heerbann auf und bewahrte damit das Land vor einem Einfall des Königs Boleslaw. Über zweihundert Mal erscheint sie in königlichen und kaiserlichen Urkunden, meist als Fürsprecherin oder Beteiligte bei Schenkungen und frommen Stiftungen.

Besonders eifrig erleben wir die kluge und gütige Frau, wenn es darum ging, die Strenge des Herrschers abzumildern. So erwirkte sie für Hermann von Schwaben, der gegen die Königswürde von Heinrich am hartnäckigsten opponierte, sich aber im Oktober 1002 zu Bruchsal unterwarf, dass er wieder in alle seine Lehen eingesetzt wurde.

Anfang 1020 war ein lang vorbereiteter Aufstand des Herzogs Bernhard von Sachsen ausgebrochen. Dieser hatte allerdings schon die Waffen gestreckt, noch bevor der Kaiser mit Heeresmacht vor der festen Schalkburg auftauchte. Und nur wegen der Fürbitte der Kaiserin durfte er Eigentum und Reichsamt ungeschmälert behalten.

Die langjährige Empörung ihrer Brüder gegen ihren kaiserlichen Gemahl hatte Kunigunde zweifellos viel Kummer bereitet. Als es schließlich zur Versöhnung kam, eilte sie Mitte 1018, trotz körperlicher Beschwerden, von Hessen nach Bayern, um im Namen des Kaisers ihren Bruder Heinrich wieder auf den verwirkten Herzogsstuhl zu setzen.

Aus den oben genannten Beispielen geht klar hervor, dass Heinrich und Kunigunde, nicht nur menschlich, sondern auch klug regierten, wenn sie das Selbstständigkeitsstreben des hohen Adels nicht drakonisch bestraften, sondern mit Milde den Herzögen und Fürsten den Wind aus den Segeln nahmen. Dadurch wurden diese nicht verbittert und in ihrer Treue zum Kaiser bestärkt, die auch militärische Unterstützung einschloss. Und diese war mehr als notwendig, wenn man nur an den kraftstrotzenden Polenfürsten Boleslaw Chrobry denkt.

Die Ehe des Paares blieb kinderlos. Da beide mit den Idealen des Christentums seit Kindheit und Jugend vertraut waren, liegt die Vermutung nahe, dass sie sich gegenseitig ein Zusammenleben in einer Josefsehe[47] gelobten. Mit hundertprozentiger Sicherheit können die Historiker wohl niemals ergründen, ob das Paar aus natürlichen Gründen kinderlos blieb oder aus christlicher Opferbereitschaft sich das eheliche Zusammenleben versagte. Fest steht nur, dass sich Heinrich II. nicht unnötig den Vorhaltungen und Ansprüchen nach Nachkommenschaft und Thronerben aussetzen wollte. Für uns gilt, wie schon im Evangelium zu lesen ist: „Wer es fassen kann, der fasse es!" Und damit ist auch alles gesagt. Haben schon die Zeitgenossen herumgerätselt und sich in Angelegenheiten gemischt, die sie nichts angehen, umso weniger haben wir Nachgeborenen das Recht, diesem Geheimnis zwischen den kaiserlichen Eheleuten nachzuspüren.

Heinrich als Nachfolger Ottos III.

Während Heinrich II, als Herzog, für den von den Römern bedrängten Kaiser Otto III. Hilfe suchte, starb dieser am 23. Jänner des Jahres 1002 in Italien. Er war der Letzte seines Stammes. Seit König Heinrich I. hatte sich die Krone fast ein Jahrhundert lang vom Vater auf den Sohn vererbt. Wer sollte nun Nachfolger werden? Deutschland war Wahlreich. Wenn auch erst die Wahl der Fürsten sicheres Recht verlieh, so lag es doch nahe, die Thronwerber zunächst in der Verwandtschaft des Verstorbenen zu suchen. Zwei Männer kamen dafür in Betracht: Herzog Otto von Kärnten als Enkel und Herzog Heinrich von Bayern als Großneffe Otto I. Da Herzog Otto verzichtete und alle Ansprüche auf Heinrich übertrug, so entschloss sich dieser, den Wahlkampf aufzunehmen.

---

[47] **Josefsehe:** In dieser Ehe leben die Eheleute zusammen, aber ohne geschlechtliche Begegnung.

Trotz seiner Herkunft war Heinrichs Anwartschaft auf den Thron nach dem Tod Ottos III. umstritten. Neben ihm, dem Herzog von Bayern, erhoben Markgraf Ekkehard von Meißen und Hermann von Schwaben Ansprüche auf die Nachfolge. Da Ekkehard bei seiner Kandidatur in Sachsen nicht mit ungeteilter Unterstützung rechnen konnte, beabsichtigte er in Lothringen weitere Stimmen für seine Kandidatur zu gewinnen. Doch kam es nicht dazu, weil er bei Pöhlde im Harz von sächsischen Adligen erschlagen wurde.

Um seine Ansprüche zu untermauern, empfing Heinrich den Tross des über die Alpen geführten Leichnams Ottos III. in Polling und ließ dessen Eingeweide im Kloster St. Afra in Augsburg beisetzen. Anschließend zwang er Erzbischof Heribert von Köln, ihm die Reichskleinodien zu übergeben. Es fehlte jedoch die Heilige Lanze[48], die damals wichtigste Reliquie des Reiches. Heribert hatte diese vorausgesandt, wohl aus Kalkül, da er seinen Verwandten, den Herzog von Schwaben Hermann II., zum König wählen lassen wollte. Die meisten Fürsten dachten damals an Hermann von Schwaben als neuen König, weil er ein nachsichtiger Herr zu werden versprach, während der Bayernherzog als strenger Hüter der Gerechtigkeit galt. Zudem war Heinrich kränklich, und die fünf Brüder seiner Gemahlin Kunigunde, die zweifellos mit Hilfe des Schwagers ihr Glück zu machen hofften, waren auch keine empfehlenswerte Begleitmannschaft.

Doch war der junge Bayernherzog nicht der Mann, der sich durch Schwierigkeiten beirren ließ. Stand doch von Anfang an ein Mann an seiner Seite, der für viele zählte: Erzbischof Willigis von Mainz. Seinerzeit hatte er in unbeirrbarer Kaisertreue die gesetzwidrige Anmaßung von

---

[48] Nach Joh 19,34 stieß ein Soldat mit einer **Lanze** in Jesu Seite, um zu prüfen, ob er schon tot sei. Nach legendenhafter Überlieferung war es diese Lanze, die als wichtige Reliquie zur Königskrönung gehörte.

Heinrichs Vater erfolgreich abgewehrt. Doch nun fand er im Sohn alles, was diesen für die Krone würdig machte, Rechtsempfinden und persönliche Tüchtigkeit. Grund genug für Willigis, mit seinem ganzen Ansehen für ihn einzutreten.

Heinrich entschloss sich daher zu einem ungewöhnlichen Schritt: Er ließ sich in Mainz von seinen bayerischen und fränkischen Anhängern zum König wählen und am 7. Juni 1002 durch den Mainzer Erzbischof Willigis salben und krönen. Dieser war der richtige Koronator, alle anderen Begleitumstände aber wichen von den üblichen Gepflogenheiten ab: Der Ort der Wahl war unüblich, die Inthronisation auf den Aachener Stuhl Karls des Großen unterblieb und von einer „Wahl aller Großen des Reiches" konnte zunächst keine Rede sein. Die Entscheidung fiel letztendlich Ende Juli durch die sogenannte Nachwahl in Merseburg, bei der sich Heinrich bei den Sachsen dafür zu rechtfertigen hatte, dass er bereits in königlichem Ornat erschien. Nachdem er aber das alte sächsische Recht zu achten versprach, überreichte ihm Herzog Bernhard die Heilige Lanze und betraute ihn so mit der Sorge um das Reich.

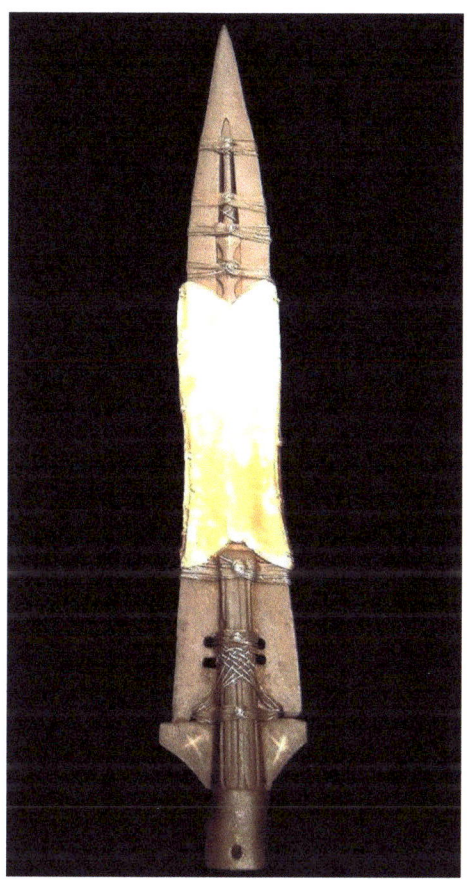

Abb. 27: Heilige Lanze (heute in der Wiener Schatzkammer)

Im darauffolgenden Herbst wurde Heinrich in Aachen noch einmal zum König ausgerufen und feierlich auf den Thron Kaiser Karls I. erhoben. Jetzt mussten auch die letzten Gegner einlenken, wie Herzog Hermann von Schwaben, der selber gern König geworden wäre. Am 1. Oktober desselben Jahres leistete er in Bruchsal Abbitte und Lehenseid und wurde auf Fürsprache von Kunigunde in Gnaden aufgenommen und in alle Rechte wiedereingesetzt.

Als der König nach einer viermonatigen Rundreise nach Regensburg zurückkehrte, hatte er die Anerkennung aller deutschen Stämme erlangt.

Damit war die Einheit wiederhergestellt. Diese nach innen zu festigen und nach außen zu sichern sollte die folgenden zwanzig Jahre, also sein ganzes Leben, in Anspruch nehmen.

Arbeit an der inneren Reform des Reiches

Träumte Otto III. noch von der Wiederherstellung des Römischen Reiches, so galt Heinrichs erste und wichtigste Sorge dem engeren Vaterland. Und hier vor allem dem Aufbau eines sicheren Rechtszustandes. Während Kaiser Otto III. jenseits der Alpen weilte, hatten die Fürsten Deutschlands immer mehr Einfluss auf die Reichsgeschäfte gewonnen. Sie hatten ihren Besitz und ihre Befugnisse erweitert und ihre Lehen in erbliche Herrschaften zu verwandeln versucht. In diesem Punkt gab Heinrich nach, soweit es rechtlich zu vertreten war. Auch wurden die erledigten Grafschaften und Herzogtümer fast ausnahmslos den Nachkommen der Verstorbenen zugesprochen. Doch bald begann er auf den Hof- und Reichstagen die Großen in die Pflicht zu nehmen und ihnen Gesetzgebung und rechtsstaatliche Verwaltung abzuverlangen. Darüber hinaus wurde eine Reichsständeverfassung angebahnt.

Je mehr Heinrich entschlossen war, auf die vorhandenen Verhältnisse Rücksicht zu nehmen und berechtigte Wünsche zu erfüllen, desto weniger duldete er Unrecht. Und davon gab es viel im Land. Die Großen bekämpften einander in fortwährenden Fehden und erhoben sich immer wieder gegen den König. Der niedere Adel war mancherorts zu Räubern und Wegelagerern herabgesunken. Bauern, Kaufleute und Handwerker wurden unterdrückt und ausgeplündert. Geduldig und zuversichtlich versuchte der König nun diese Missstände abzustellen.

Dem Übermut des Adels wehrte er mit starker Hand und hielt die Reichsfürsten in ihrer Pflicht. Der Lust Fehden auszutragen trat er energisch entgegen, indem er unablässig bemüht war, die Streitenden auszusöhnen; blieben sie unbelehrbar, so traf sie der königliche Zorn mit aller Wucht. Dasselbe geschah, wenn Grafen und Herzöge ihre Leute unterdrückten und die Rechte des einfachen Mannes verletzten. Zum Schutz der Schwachen wurde in einigen Gauen der Landfriede beschworen, wobei schwere Strafen für jeden Bruch des Friedens festgesetzt wurden. Wer den Frieden brach, konnte sicher sein, dass es der König nicht bei Drohungen bewenden ließ, sondern mit aller Härte strafte.

Wenn Heinrich bisweilen mit harter Hand dreinschlug, so trieb ihn nicht Gewalttätigkeit, sondern Notwendigkeit. Er selbst neigte eher zur Nachsicht. Zwanzig Jahre lang fuhr er, oft ohne maßgebliche Unterstützung der Fürsten, die ihm verpflichtet waren, wie ein Kriegswetter durch die Gaue, kämpfte bald in Schwaben, dann in der Nordmark, bald in Flandern und nach wenigen Monaten wieder in Lothringen oder in Sachsen. Zehn Jahre rang er mit den Schwägern. Drei Monate lag er vor dem Hammersteiner Felsennest am Rhein, bis er Otto und Irmingard, die sich gegen Gottesrecht und Kaisergebot vergangen hatten, endlich bezwingen konnte. Wenn er immer wieder zu Kriegen mit äußeren Feinden gezwungen wurde, so tat es der körperlich oft leidende Mann wahrhaftig nicht aus Lust am Schlachtenlärm. Pflichtgefühl und das Bewusstsein, Gott, dem obersten Lehensherrn für seine Verwaltung Rechenschaft zu schulden, bestimmten sein Handeln. Aus dieser Grundhaltung erwuchs ihm zähe Beharrlichkeit und eine bewunderungswürdige Hoffnung und Zuversicht, die ihn schließlich zum Ziel führten.

Als deutscher König war Heinrich II. auch berufen, die lombardische Krone und vor allem die römische Kaiserkrone zu tragen. Erst Weihe und Krönung durch den Papst in Rom verliehen dem Herrscher bei Fürsten und Volk das geheiligte Ansehen und die unangefochtene Stellung, die ihm ein wirkungsvolles Regieren wesentlich erleichterten.

Wahrscheinlich wäre Heinrich schon 1004 nach Rom gezogen, wenn die Königskrönung in Pavia friedlich verlaufen wäre. Doch der Aufruhr, der vom Gegenkönig Arduin heraufbeschworen, viele seiner Begleiter das Leben kostete und die Stadt Pavia an den Rand der Zerstörung brachte, verleidete ihm die Weiterreise.

Heinrich zog über die Alpen zurück, wo allerdings schon die nächste Herausforderung auf ihn wartete: Der Polenkönig Boleslaw Chrobry. Mindestens sieben Mal ist Heinrich II. mit wechselndem Glück gegen den Polenkönig ins Feld gezogen. Denn statt Unterstützung durch seine Großen, selbst bei denen, deren Gebiete am meisten bedroht waren, fand er nur zu oft gleichgültige Saumseligkeit, wenn nicht gar Widerstand oder Verrat.

Kaiserkrönung in Rom

Ende 1013 überschritt der König mit einer stattlichen Heeresmacht in Begleitung von Kunigunde und einer Reihe deutscher Bischöfe, denen sich auch Odilo von Cluny anschloss, die Alpen. Weihnachten feierte man in der lombardischen Stadt Pavia. Und hier wurde im Jänner eine Synode einberufen, wo die Weisung an Äbte und Bischöfe erging, ein genaues Verzeichnis der Güter einzureichen, die ihnen während der letzten Jahre entrissen wurden. Der König verbürgte sich daraufhin, die alten Besitzverhältnisse wiederherzustellen.

Mitte Februar erreichte das Königspaar die ewige Stadt, aus der ihnen der Papst an der Spitze der römischen Geistlichkeit und einer jubelnden Menge entgegenkam.

Das päpstliche Geschenk an den zukünftigen Kaiser war eine Goldene Kugel, die mit einem Kreuz geschmückt war. Nach Dankesworten an den Papst, schenkte Heinrich mit Blick auf das Kreuz, die Kugel den Mönchen von Cluny mit den Worten:

> „Keinem geziemt es mehr, dieses Kleinod zu besitzen, als denen, die fern von der Welt allein dem Kreuze Christi nachzufolgen streben."

Die Form der Kaiserkrönung selbst wurde von Thietmar von Merseburg mit folgenden Worten überliefert:

> Am Sonntag den 14. Februar des Jahres 1013 kam Heinrich, von Gottes Gnaden unser erlauchter König, mit seiner geliebten Gemahlin Kunigunde zur Peterskirche. Zwölf Senatoren umgaben ihn. Sechs schritten in geheimnisvoller Bedeutung mit geschorenem Bart, sechs mit langwallendem Bart und auf Stäbe gestützt einher. An der Pforte wartete der Papst und stellte ihm vor dem Eintritt die feierliche Frage, ob er der römischen Kirche ein treuer Schützer und Verteidiger, ihm selbst aber und seinen Nachfolgern in allem ergeben sein wolle. Und nachdem er dies in frommen Bekenntnis beschworen hatte, empfing er mit seiner Hausfrau die heilige Salbung und die Kaiserkrönung.[49]

---

[49] P. H. Müller, Das hl. Kaiserpaar, Heinrich und Kunigunde, Steyl 1908

Abb. 28: Heinrich und Kunigunde werden von Christus gekrönt

An die kirchliche Feier schloss sich ein köstliches Mahl, und für den folgenden Tag war eine Synode einberufen. Nach einem Aufstand in Rom, der von den Deutschen niedergerungen werden konnte, kehrte Heinrich in die Lombardei zurück. Auf dem Weg zurück nach Bamberg erhob er unter Zustimmung des Papstes die vom hl. Kolumban gestiftete Abtei Bobbio zum Bistum.

Praktische Sorge für die Kirche

Oft erklärte Heinrich in Urkunden seine ihm von Gott auferlegte Königspflicht, für die Kirche zu sorgen und die kirchliche Ordnung zu stützen. Bekanntlich machten die Herzöge und Grafen mit ihrem Streben nach Selbstständigkeit und ihren Sonderrechten dem König viel zu schaffen. In den Bischöfen, die auch Reichsfürsten waren, fand Heinrich ein Gegengewicht, das ihm unterstützend zur Seite stand. Nach heutiger Auffassung ein unbegreifliches Vorgehen, dass der König Bischöfe nach seinen Vorstellungen berufen konnte. Und dieses Privileg sollte sich im Investiturstreit noch bitter rächen, als diese Gepflogenheit für die kirchliche Unabhängigkeit gefährlich wurde.

Schon allein für das umsichtige Wirken in Fragen der Bischofsernennungen hätte sich Heinrich II. den Ruhm eines großen Landesvaters verdient. Denn bei den fünfzig Bischofsbestellungen während seiner Amtsperiode kam es in keinem Fall zu einer wirklichen Fehlbesetzung. Viele der Bischöfe waren hervorragende Männer, fast alle führten ein vorbildliches Leben und bemühten sich im Wettstreit mit dem König um die religiöse Erneuerung in Kirche und Staat. Und es gab eine Reihe von heiligen Männern darunter. Von Godehard, dem Reformabt war schon die Rede. Der hl. Brun von Querfurt starb als Märtyrer. Erzbischof Tagino von Magdeburg, der Lieblingsschüler des hl. Wolfgang, war gerecht, wohltätig, treu und mild. Schon als Herzog hatte ihn Heinrich in seine Nähe gezogen und dem späteren Erzbischof seine Gemahlin anvertraut, wenn ihn die Reichsgeschäfte zu längerer Trennung zwangen. Bischof Thietmar von Merseburg, der treue Biograph seines Königs war ein Gelehrter von hohem Rang, während Bischof Meinwerk von Paderborn, nicht weniger ein Gelehrter, sich in der Sorge für sein Bistum und der Verbundenheit mit seinem König von niemandem übertreffen ließ.

Unter den älteren Kirchenfürsten verdienen der hl. Willigis von Mainz und der hl. Bernward von Hildesheim besondere Wertschätzung. Als es einmal zu einer Auseinandersetzung über die Gerichtsbarkeit in Gandersheim zwischen den beiden kam, riefen sie Heinrich als Richter an. Heinrich war Willigis mehr als verpflichtet, während ihn mit Bernward ein eher kühles Verhältnis verband. Dennoch übernahm er das schwierige Amt. Als die Beweise für Hildesheim sprachen, bestätigte der königliche Richter die Ansprüche von Hildesheim. Und Willigis hatte genug Größe, sich diesem Urteil rückhaltlos zu unterwerfen.

Zwischen dem hl. Heribert von Köln und Kaiser Heinrich wollte es zu keinem vertrauten Verhältnis kommen. Umso eindrücklicher wirkt daher der Bericht über ihre letzte Begegnung. Als der Kaiser 1010 mit einem Heer vor Hammerstein lag und vom Erzbischof militärische Unterstützung erwartete, entschuldigte sich dieser mit seiner Gebrechlichkeit. Der Kaiser zweifelte. „Ist er so krank", so soll er unwillig ausgerufen haben, „so muss ich ihn wohl besuchen"! Kaum war die Burg gefallen, eilte er nach Köln. Als Heinrich in den Empfangsräumen des Erzbischofs angekommen war, schleppte sich Heribert vor seinen Thron. Weinend erklärte er, er sei sich keines Vergehens bewusst, aber er sei der ewigen Anklagen müde und wolle auf den erzbischöflichen Thron verzichten, um sein Leben in Ruhe zu beschließen. Da erhob sich der Kaiser, umarmte den Erzbischof und bekannte, dass er ihm Unrecht getan habe und bat ihn um Verzeihung. Damit nicht zufrieden, schickte er am folgenden Tag nach der Morgenmesse alle Leute hinaus, fiel dem Erzbischof zu Füßen und gestand von neuem sein Unrecht – auch wies er die Entschuldigung von sich, dass er einem Irrtum verfallen war.

Man könnte noch viele Namen von Bischöfen hier anführen, die Zeit ihres Lebens ihre kirchlichen Aufgaben treu erfüllten und darüber hinaus einen vorbildlichen christlichen Lebenswandel führten. Der Kaiser unterstützte sie, auch wenn es darum ging, Kirchen und Dome zu errichten. Wenn es nötig war, erhöhte er ihre Einkünfte und förderte sie in ihrer Sorge und in ihrem Bemühen um einen gerechteren und gütigen Umgang der Menschen untereinander. Wohl kaum zuvor und auch nicht danach sind so viele Synoden abgehalten worden, wie unter Heinrichs Regierungszeit. Auf den meisten war er persönlich anwesend, und mehr als einmal setzte er die Versammlung durch seine kirchenrechtlichen Kenntnisse in Erstaunen. Bei der Bekämpfung von Missständen ließ er es nicht an Entschiedenheit fehlen und erhob viele der Beschlüsse zu Reichsgesetzen.

Da Heinrich II. über die täglichen Sorgen, die ihn massiv von seiner inneren Gottesbegegnung ablenkten, das Heil seiner Seele nicht aus den Augen verlieren wollte, pflegte er seine Beziehungen zu den Mönchen, die ihm von frühester Jugend an vertraute Freunde geworden waren. Er kannte keine besseren Helfer als die Männer, die durch ihre Gebete Tag und Nacht Gott zu dienen suchten. So betrachtete er es als eine seiner ersten Pflichten, die Gott und seinen Heiligen geweihten Klöster zu beschirmen. Als er einmal – so berichtet die Legende - bei Richard von St. Vanne in Verdun zu Besuch war, soll er allen Ernstes um Aufnahme in sein Kloster gebeten haben. Aber der Abt zeigte sich der Lage gewachsen. Vor der versammelten Brüdergemeinde und in Gegenwart Kunigundes stellte er dem Kaiser die Frage, ob er ihm auch in allem gehorchen wolle. Als der Kaiser das bejahte, sprach Richard feierlich: „So befehle ich Euch denn, dass Ihr wieder heimkehrt und das Euch von Gott anvertraute Reich verwaltet und durch Eure Festigkeit und strenge Gerechtigkeit dem ganzen Staat zum Heile dient." Ich denke, dass man die Sehnsucht des Herrschers gut nachfühlen kann, der aus seinen vielfältigen Verpflichtungen einfach ausbrechen wollte. Wenn die Geschichte auch nur eine Legende ist, macht sie doch deutlich, dass Heinrich ein geistliches Leben als höchstes Lebensziel betrachtete.

Viele Abteien und Klöster waren im Laufe der Zeit zu kleinen Fürstentümern angewachsen, mit weitgehenden Vorrechten, aber auch mit Pflichten, die Mönchen wenig anstanden. Wie die Bischöfe mussten die Äbte auf den Reichstagen erscheinen und zu den Heereszügen Ritter und einfaches Fußvolk stellen. Auf diesem Hintergrund erscheint uns verständlich, dass sich das klösterliche Leben nicht im Sinne des benediktinischen Ideals entwickeln konnte. Zu sehr war das tägliche Leben der Mönche und ihrer Äbte mit Ansprüchen und Zerstreuung des äußeren Lebens verbunden.

Im Grunde konnten sie nur schwer nach den Regeln leben, wenn sie mit der Verwaltung von großem Grundbesitz und der Verantwortung, die sich daraus ergab, ständig beschäftigt waren. Heinrich hatte schon als Herzog in Bayern Klöster nach dem cluniazensischen Ideal zu reformieren versucht. Als König umfassten seine Bemühungen nun das ganze Reich. Auf Hersfeld, das der hl. Godehard reformierte, folgten Reichenau, Fulda und Corvey. Um 1020 vertraute er Poppo, einem Schüler von Richard von Verdun, die Klöster Stablo, Malmedy und St. Maximin bei Trier an. Mit ihm zog Cluniazensischer Geist in die königlichen Abteien ein, und bald beriefen die Bischöfe Mönche von Stablo an ihre neu gestifteten Klöster als Äbte und Reformer.

Um die Hebung des Ordensgeistes auch von außen zu unterstützen, entwickelte Heinrich ein Programm, das, wäre es allgemein zum Tragen gekommen, die kirchengeschichtliche Entwicklung mit Sicherheit in eine andere Richtung gelenkt hätte. Im November 1023 legte er die staatlichen Leistungen des Klosters St. Maximin in Trier auf die Schultern von drei weltlichen Herren, indem er neun Geviertmeilen[50] aus dem Klosterbesitz an diese verteilte. Das Kloster wurde durch diese Umverteilung von Hof- und Heerdiensten frei und auch von den Abgaben, die mit diesem Lehensanteil verbunden waren. Im Gegenzug wurde dem Kloster eigener, unantastbarer Grundbesitz zugestanden, dessen Erträge für den Unterhalt der Gebäude und der Gemeinschaft dienen sollten. Zu seiner eigenen Beruhigung hatte Heinrich zuerst die Zustimmung der Bischöfe von Mainz, Trier und Köln eingeholt und von Papst Benedikt VIII. ein apostolisches Schreiben erwirkt, wodurch dem Kloster alle seine Güter belassen und die bislang verliehenen Freiheiten garantiert wurden. Heinrich starb im Jahr darauf, und so bleibt offen, ob er in anderen Abteien ähnliches vorgehabt hatte.

Im Winter 1021/22 war Heinrich II. zum dritten Mal nach Rom unterwegs, um auf Bitten des Papstes gegen die aufständischen Byzantiner in Unteritalien zu kämpfen und die Ruhe wiederherzustellen. Nach erfolgreichen Kämpfen zog er gemeinsam mit dem Papst nach Pavia, wo am 1. April eine Synode eröffnet wurde, die eine allgemeine Kirchenerneuerung einleiten sollte. Raub am Kirchengut, Verkauf von Pfründen, Priesterehe, Missachtung der kirchlichen Ehehindernisse und Zügellosigkeit der Sitten waren die Missstände, die vor allem beseitigt werden sollten. Eine Reihe von Beschlüssen wurde gefasst, und der Kaiser versprach sie zu Reichsgesetzen zu erheben. Um die Mitwirkung des französischen Königs zu gewinnen, ließ er diesen zu einer Begegnung an der Reichsgrenze einladen.

Am 9. August 1023 lagerten die beiden Herrscher mit glänzendem Gefolge an der Maas. Während die verantwortlichen Zeremonienmeister noch darum stritten, welcher Fürst dem anderen den ersten Besuch abstatten

---

[50] Die bayerische Meile = 7.420,438 Meter

müsste, fand Heinrich selbst die Lösung. Früh am Morgen des 10. August ließ er sich mit Kunigunde über die Maas rudern, um Robert in Frankreich zu begrüßen. Am anderen Tag kam Robert zu Heinrich auf das deutsche Ufer. Nach dem Besuch der Hl. Messe tauschten sie Geschenke aus und vereinbarten eine Synode in Pavia, um gemeinsam mit dem Papst über den Frieden der Kirche zu sprechen und wie man den Problemen und Missständen innerhalb der Kirche am besten begegnen könne. Doch dazu sollte es nicht mehr kommen. Noch im April 1024 starb Papst Benedikt VIII., und zwei Monate nach ihm der Kaiser.

Obwohl Heinrich seine Pläne nur teilweise verwirklichen konnte, hatte er für die Zukunft doch wichtige Weichen gestellt. Die Beharrlichkeit, womit er die Aussöhnung zwischen den Großen des Reiches immer wieder betrieben hatte, wirkte zweifellos über seinen Tod hinaus. Die mühsamen Abwehrkämpfe gegen Boleslaw verhinderten letztendlich, dass Sachsen vom polnischen Fürsten vereinnahmt wurde. Dazu kam sein nie erlahmender Einsatz für die Belange der Kirche, was schließlich auch dem Reich zugutekam, weil die christliche Religion das friedliche Zusammenleben der Menschen als eine ihrer Kernbotschaften vermittelt.

Letzte Tage und Tod

Von Jugend an wurde Heinrich von einem hartnäckigen Steinleiden (wahrscheinlich Nierensteine) gequält, das ihm zeitweise arge Schmerzen bereitete. Die vielen Reisen, die zahlreichen Feldzüge und die tausend Sorgen der Herrschaft untergruben seine Gesundheit. Seit dem italienischen Feldzug im Jahre 1023 trat das alte und schmerzhafte Leiden immer häufiger auf. Kaum ging es ihm ein wenig besser, machte er sich mit Kunigunde auf in Richtung Sachsen: Magdeburg, Halberstadt, Goslar waren die Stationen seiner Reise. In Goslar, wo er das

Pfingstfest feierte, erreichte ihn die Nachricht vom Tod seines päpstlichen Bundesgenossen, die ihn mit tiefer Trauer erfüllte. Doch pflichtbewusst ritt er weiter; musste aber in der Kaiserpfalz Grona bei Göttingen Rast machen, weil ihn seine Krankheit und zunehmende Schwäche dazu zwang. Und hier auf sächsischem Boden, wo die Wiege seiner Ahnen stand, schloss am 13. Juli 1024 der letzte Spross des sächsischen Kaiserhauses die Augen für immer.

Die Nachrufe auf seinen Tod lassen erkennen, dass schon die Zeitgenossen wussten, was Heinrich II. für sein Volk und die Christenheit bedeutete.

„Es weine Europa", heißt es in einer Klageschrift, „denn es hat sein Haupt verloren! Rom weine, es entbehrt seines Schirmvogts! Es beweine die ganze Welt den zweiten Heinrich, der die Christenheit schützte, die Friedenstörer niederzwang und aller Willkür entgegentrat."

Kunigunde, Heinrichs treue Gefährtin, zog sich in das von ihr gestiftete Kloster Kaufbeuren zurück. Dort lebte sie als einfache Nonne bis sie 1039 starb und neben ihrem kaiserlichen Gemahl im Dom zu Bamberg ihre letzte Ruhestätte fand.

Abb. 29: Doppelgrab von Heinrich II. und Kunigunde von Tilmann Riemenschneider

Persönliche Züge

Heinrich war ein Mensch, der vorlebte, was er von anderen verlangte. Für ihn war es keine überlieferte Formel, wenn er in einer Urkunde festhielt, dass die kirchlichen Verordnungen nicht durch Menschen, sondern durch den Geist Gottes erlassen wurden. Selten hat ein gekröntes

Haupt die Vorschriften der Kirche mit gleicher Sorgfalt befolgt wie er. Kaum jemand war gewissenhafter im Halten der vorgeschriebenen Fasttage, in der Feier der heiligen Feste und in der Erfüllung der religiösen Pflichten. Seine Ratgeber suchte er unter Bischöfen und Äbten. Ihr Rat wurde von ihm ernst genommen, und wenn von ihrer Seite Kritik kam, versuchte er deren Ursachen zu beseitigen.

Ein Beispiel mag das illustrieren. Gaukler pflegten damals bei Hoffesten einen der ihren mit Honig zu bestreichen und dann zwischen gezähmte Bären zu stellen, die ihn von allen Seiten beleckten. Doch als ein einfacher Mönch, Poppo - der spätere Abt von Stablo – ihn darauf hinwies, dass ein so demütigendes Tun einem Christen nicht als Vergnügen dienen sollte, ließ er die Spiele abschaffen.

Auch musste es auf die streit- und rachsüchtigen Großen irgendwann Eindruck machen, dass der König immer wieder danach strebte, unnützes Blutvergießen und Brandschatzen zu vermeiden und oft problemlos Frieden schloss. Die Verwüstung des königstreuen Straßburg durch Hermann von Schwaben an dessen Stadt Konstanz zu rächen, brachte er nicht übers Herz. Als er ihn durch Verheerung seines Landes zur Ergebung zwingen wollte, bewog ihn der Jammer des Volkes davon abzusehen. Auch offenbarte sich Heinrichs christliche Grundhaltung in der Bereitschaft, seine früheren Gegner, die sich ihm ehrlich unterworfen hatten, besonders auszuzeichnen.

Damit erfüllte er mehr als einmal die Forderungen des Neuen Testamentes: "Liebt eure Feinde und betet für die, die euch verfolgen, damit ihr Söhne eures Vaters im Himmel werdet;" (Mt5,44,45a), als eine der tiefsten Grundfesten unseres Glaubens. Ob es für ihn, den mittelalterlichen Landesherren, einfacher war als für uns?

Papst Gregor VII.
(1015? –1085)

Wenn man sich mit der Gestalt Papst Gregors VII. befasst, kommt man mit sehr tiefgreifenden Strukturfragen der Kirche in Berührung. Dabei geht es vor allem um eine späte Folge des Reichskirchenwesens, die es dem König gestattete, Bischofssitze und hohe kirchliche Ämter mit Personen seines Vertrauens zu besetzen. Während Kaiser Heinrich II. durchaus fähige und fromme Männer als Bischöfe einsetzte, wandelte sich das Interesse seiner Nachfolger immer mehr in Richtung persönliche Ergebenheit. Die Könige setzten oft Personen als kirchliche Würdenträger ein, die ihnen loyale Gefolgschaft zusagten, im Übrigen aber kaum den Erfordernissen ihres geistlichen Amtes entsprachen. Da diese Männer oft keine angemessene Ausbildung und theologisches Wissen mitbrachten, kann man sich leicht vorstellen, in welcher Weise diese Bischöfe ihr kirchliches Amt verwalteten. Im Schatten dieser fragwürdigen Oberen gedieh ähnliches innerhalb der unteren Strukturen, wo diese Art der Amtsführung bis zur Simonie (Kauf von kirchlichen Ämtern und Pfründen) herabsank.

Schon die Päpste vor Gregor VII. versuchten dieser unhaltbaren Situation zu begegnen und in groben Missbrauchsfällen einzugreifen, doch ohne bleibenden Erfolg. Erst Papst Gregor VII., der die Situation aus persönlicher Erfahrung kannte und wie kein anderer die fatalen Auswirkung auf das Leben der Kirche und ihrer Gläubigen erlebt hatte, nahm den scheinbar aussichtslosen Kampf gegen die Mächtigen auf, um für die Kirche seiner Zeit geistliche und würdige Männer als Bischöfe zu berufen.

Jugendzeit und Wirren in Rom

Hildebrand, der spätere Papst Gregor VII., kam wohl als Sohn eines Zweiges der Adelsfamilie der Aldobrandeschi zur Welt. Nähere Umstände seiner Jugend sind nicht überliefert. Auch weiß man nicht genau, wann er geboren wurde. Zur höheren Ausbildung wurde der Jüngling nach Rom ins Marienkloster auf dem Aventin geschickt, wo sein Onkel damals Abt war.

Zu dieser Zeit stritten in Rom drei Päpste um die Rechtmäßigkeit ihrer Wahl, Benedikt IX., Silvester III. und Gregor VI. Die Ursachen waren in den Auseinandersetzungen der römischen Adelsfraktionen um die Stadtherrschaft zu suchen, in denen die Päpste selbst Partei waren. Im Herbst 1044 wurde Papst Benedikt IX. aus dem Geschlecht der Tuskulaner vertrieben. An seine Stelle wählten Anfang des Jahres 1045 die Crescentier ihren Parteigänger Johannes von Sabina zum Papst Silvester III. Doch gelang es Benedikt IX. im März 1045, Silvester zu verdrängen und den Papstthron zurückzuerobern. Aus unbekannten Gründen trat Benedikt im Mai 1045 seine Würde an den Erzpriester Johannes Gratianus von St. Johann an der Porta Latina ab, der als neuer Papst den Namen Gregor VI. wählte.

Im Jahr darauf zog Heinrich III.[51] nach Rom, um sich dort vom Papst zum Kaiser krönen zu lassen. Als Zeit-

---

[51] **Heinrich III.** (1016–1056) aus der Familie der Salier war von 1039 bis zu seinem Tod 1056 König und seit 1046 Kaiser im römisch-deutschen Reich. Der Übergang der Königsherrschaft nach dem Tod seines Vaters erfolgte reibungslos. Seine Amtszeit führte zu einer bis dahin unbekannten sakralen Überhöhung der Königsherrschaft. So wurde während Heinrichs Regentschaft der Speyer Dom zum damals größten Gotteshaus der abendländischen Christenheit ausgebaut. 1046 beendete Heinrich das Papstschisma, befreite das Papsttum aus der Abhängigkeit vom römischen Adel und legte die Grundlage für dessen universale Geltung.

punkt für den Aufbruch nach Italien bestimmte Heinrich die Tage um den 8. September 1046, den Tag Mariä Geburt.

Der König schien allerdings Informationen erhalten zu haben, die den Verdacht erweckten, dass sich Gregor VI. die Papstwürde erkauft habe. Dies warf ein grundlegendes Problem auf: Sollte die Kaiserkrone über jeden Zweifel erhaben sein, bedurfte Heinrich eines Koronators, dessen Würde und Rechtmäßigkeit außer Frage stand. Daher ließ der König am 20. Dezember 1046 eine Synode in Sutri einberufen. Sie ist als erste Reformsynode der Regierungszeit Heinrichs III. anzusehen, die sich das Ziel setzte, gegen Simonie vorzugehen. Gregor VI. führte als amtierender Papst den Vorsitz, zog jedoch so viel Kritik auf sich, dass er unter dem Druck der Versammlung zurücktrat und den Weg für einen neuen, unbelasteten Papst freimachte. Am 24. Dezember 1046 wurde erneut eine Synode in Rom abgehalten, deren Mitglieder das in Sutri begonnene Reformwerk fortführten, Benedikt IX. förmlich absetzten und einen neuen Papst wählten. Heinrichs Wunschkandidat, Erzbischof Adalbert von Hamburg-Bremen lehnte ab und schlug seinen Freund, Bischof Suidger von Bamberg, vor. Daraufhin wurde Suidger am 25. Dezember 1046 als Clemens II. zum Papst erhoben.

Damit wurde eine Entwicklung eingeleitet, die auf eine Verklammerung des Reiches mit der Kirche zulief. Clemens und seine Nachfolger waren Mitglieder des Reichsepiskopats gewesen und behielten auch nach ihrer Erhebung zum Papst ihre Bistümer. Damit ergab sich die Möglichkeit, den römischen Bischofssitz enger in das Beziehungsgeflecht der Reichskirche einzubeziehen. Auf Clemens folgte Bischof Poppo von Brixen als Papst Damasus II. (1047/48) und Bischof Bruno von Toul als Papst Leo IX. (1048/49) Mit dem fünfjährigen Pontifikat Leos

IX. erreichte der Kampf gegen die Missstände in der Kirche (Priesterehe, Simonie) einen ersten Höhepunkt.

Hildebrand unterwegs im Dienst der Päpste

Leo IX. versammelte bald fähige Persönlichkeiten um sich, wie Petrus Damiani, den zähen Kämpfer für innerkirchliche Reformen und den jungen römischen Kleriker Hildebrand. Sie alle waren vom Geiste kirchlicher Erneuerung durchdrungen. Leo selbst bereiste Süditalien, Deutschland und Frankreich und suchte sogar die Grenzregionen Ungarns auf. Während seiner fünfjährigen Regierungszeit tagten in Deutschland, Frankreich und Italien zwölf von ihm persönlich geleitete Synoden, die eine wirksame Reform des Klerus zum Thema hatten. Das Bemühen um die kirchliche Erneuerung wurde von Kaiser Heinrich III. maßgeblich unterstützt. Heinrich bekämpfte die Simonie, und die Söhne von Priestern bekamen – wohl gegen den Willen der meisten Reichsbischöfe – keine Chance für ein Bischofsamt.

Hildebrand begleitete Papst Gregor VI. nach Köln. Von Köln aus reiste er zum Benediktinerkloster in Cluny und erlebte dort die großen Äbte, Odilo und Hugo, Begegnungen, die ihn nachhaltig prägten. Studium und Leben verbanden sich hier zu einem Ideal, das ihn zeitlebens begeisterte. Die Reformen von Cluny, die schließlich über ganz Europa ausstrahlen sollten, machten ihn zu einem Märtyrer des Geistes, der bereit war, sein ganzes Leben der Reform der Kirche zu widmen.

Papst Leo IX. rief Hildebrand nach Rom zurück und übertrug ihm die Leitung des geistig verfallenen Paulusklosters, das dieser erfolgreich reformierte. Der Papst, mit dem „Gesellenstück" seines Schützlings hoch zufrieden, machte ihn daraufhin zum Subdiakon der römischen Kirche und zum Kardinal.

War der neue Kardinal bisher Mönch gewesen? Die Antwort ist bis heute ungeklärt. Doch unterhielt Gregor zweifellos enge Beziehungen zu Cluny und zum Mönchtum.

Leo sandte den neuen Kardinal zuerst nach Frankreich: Förderung und Stärkung der Reform war dort seine Aufgabe. Und während dieser Reise ereilte ihn die Nachricht vom Tod des verehrten Papstes. Sofort reiste er ins kaiserliche Hoflager, um vom Herrscher einen neuen Papst zu erbitten. Der spätere Kämpfer für die kirchliche Unabhängigkeit hier vor dem Kaiser, um dessen kirchlich bevorrechtete Stellung anzuerkennen?

Dies mag dazu helfen, die Haltung des späteren Papstes Gregor in einem differenzierteren Licht zu sehen. Heinrich III. hatte bereits mehrfach bewiesen, dass er nicht nur die kirchlichen Interessen zu wahren wusste, sondern darüber hinaus auch als ein vertrauenswürdiger Schutzherr der Kirche gelten konnte. Der spätere Gregor VII. war also keineswegs der sture Machtmensch, wie ihn seine Gegner hinstellen wollten, sondern er wusste durchaus in situationsbedingter Weise die Interessen der Kirche zu wahren.

Gebhard von Eichstätt wurde als Viktor II. zum neuen Bischof von Rom erhoben. Als dieser nach kurzem Pontifikat starb, reiste Hildebrand wieder nach Deutschland, diesmal aber in völlig geänderte Mission. Da Heinrich III. noch nicht vierzigjährig gestorben war, hatten die Römer Friedrich von Lothringen, den Bruder des Herzogs als Stephan IX. erhoben, ohne vorher die Einwilligung des deutschen Kaiserhauses einzuholen, das von der Mutter Heinrichs IV., der noch ein Knabe war, verwaltet wurde. Papst Stephan lag aber daran, keinen offenen Bruch mit dem Kaiserhaus zu provozieren. Daher sandte er Hildebrand nach Deutschland, um die Entrüsteten am kaiserlichen Hof zu besänftigen und die Anerkennung Stephans nachträglich zu erwirken. Und es gelang dem Legaten Hildebrand das Anliegen glücklich zu erledigen.

Als Stephan krank wurde und Hildebrand gerade in Norditalien unterwegs war, gebot dieser dem Volk und dem Klerus mit der Neuwahl zu warten, bis der päpstliche Legat zurück wäre. Und tatsächlich gelang es dem diplomatischen Geschick von Kardinal Hildebrand, die Papstwahl auf einen würdigen Kandidaten zu lenken. Um den Umtrieben der Adelsfamilien Einhalt zu gebieten, erließ der neue Papst, Nikolaus II. (Gerhard von Burgund) ein Papstwahldekret, worin das Vorrecht der Kardinalbischöfe bei der Papstwahl schriftlich festgelegt wurde.

Trotz dieses Dekretes wurde nach dem Tod von Nikolaus II. die Lage in Rom äußerst bedrohlich, weil sich Adelige und Reformgegner mit dem deutschen Hof verbündeten, um den päpstlichen Stuhl wieder in ihre Hand zu bekommen. Ohne Rücksicht auf das Papstwahldekret und ohne Zustimmung eines Kardinals ernannte der junge König Heinrich IV. Cadalus von Parma zum neuen Papst. Inzwischen war Hildebrand nach Lucca gekommen, um Bischof Anselmo da Baggio mitzuteilen, dass ihn die versammelten Kardinäle zum Papst gewählt hätten. Gemeinsam reisten sie nach Rom, wo ihn die Kardinäle als Papst Alexander II. akklamierten. Dass sich aus Deutschland ein massiver Einspruch gegen den neuen Papst erhob, war zu erwarten und nach Drohungen mit Waffengewalt von deutscher Seite her, schien es geraten, den Kölner Erzbischof um Vermittlung zu ersuchen. In der Reichssynode zu Mantua - unter Vorsitz des Kölner Erzbischofs - wurde Alexander II. gezwungen, seine rechtmäßige Wahl zu beweisen. Er erreichte seine Anerkennung, aber um den Preis einer öffentlichen Demütigung.

Unter Alexander II. wurde Hildebrand der eigentliche „Held der Geschichte", dessen Briefe bis heute eine deutliche Sprache sprechen: Kirche bedeutete ihm die hohe Braut Christi, die sich Christus durch sein Blut angetraut hatte. Sie ist die Mutter, die alle Menschenkinder zum ewigen Leben gebären und nähren muss. Durch ihre Gottesnähe ist sie gleichzeitig Herrin, der man Gehorsam und Ehrfurcht schulde. Die ganze Fülle ihrer Segensmacht verkörpert sich in der römischen Kirche, der „Mutter und Herrin der ganzen Christenheit".

Schon Papst Alexander II. stand der jugendliche Heinrich IV. gegenüber, der seinem allzu früh verstorbenen Vater so gar nicht ähnlich war. Seit seinem sechsten Lebensjahr lag dessen Erziehung in den Händen einer schwachen Mutter. Später - nachdem er als königliches Pfand vom Erzbischof von Köln entführt worden war - wurden bischöfliche Diener mit seiner Erziehung betraut. Genau ausgedrückt, erhielt er überhaupt keine Erziehung. Der Erzbischof selbst, der ausreichend Autorität gehabt hätte, auf den Jungen einzuwirken, interessierte sich nicht dafür, sodass dem jungen Königssohn die eigenen Interessen und Wünsche immer mehr zur Leitlinie seines Lebens wurden. Aus psychologischem Blickwinkel betrachtet, war Heinrich IV. das, was wir heute als „emotional verwahrlost" definieren würden. Und diesem jungen Mann war ein Imperium anvertraut, das schon einer disziplinierten und starken Natur ein hohes Maß an Zurückhaltung und Verantwortungsbewusstsein abverlangt hätte.

Da Heinrich IV. im Umgang mit Kirchenfürsten Erfahrung hatte, versuchte er sie zu manipulieren, indem er Personen seines Vertrauens an vakant gewordene Kirchenstellen einsetzen ließ. Um deren Eignung und christliche Gesinnung kümmerte er sich dabei nicht. Damit schlug er dem Bemühen der Päpste und vieler Reformsynoden klar ins Gesicht. Papst Alexander versuchte es zunächst mit Diplomatie und bannte die Räte des Königs, die für die Besetzung der kirchlichen Stellen verantwortlich waren. Heinrich selbst ließ er nach Rom laden, um sich zu verantworten. Doch als dieser die Verbindung zu den gebannten Räten nicht löste, wurde er von Alexander II. selbst mit dem Bann belegt.

Akklamiert zum Papst wider Willen

Nach dem Tod Papst Alexanders wurde Hildebrand bei der Leichenfeier per Akklamation zum Nachfolger ernannt. Der Ruf: „Hildebrand soll Papst sein!" wird zum brausenden Sturm. Man führte den bestürzten Archediakon mit Gewalt nach der Kirche St. Petrus in Vinculi, setzte ihn auf den päpstlichen Thron und zollte ihm jubelnde Verehrung. Auch Klerus und Kardinäle wurden von der Begeisterung mitgerissen. So war das Wesentliche der Wahl bei aller Formlosigkeit gewahrt und wurde weder in Rom noch außerhalb angezweifelt. Die Aufregung und das Wissen um die schweren, nahezu unlösbaren Aufgaben, die ihm das Papstamt auferlegte, warfen ihn aufs Krankenlager. Hildebrand gab sich keiner Täuschung hin: sein Papsttum würde Kampf sein. Er kannte die schreienden Missstände in der Kirche aus eigener Anschauung; wie sollte er da den hohen Anforderungen seines Amtes gerecht zu werden? Dennoch durfte er das Steuer nicht preisgeben und im Namen Gottes erfasste er es, indem er alle Freunde in seinen Briefen bat, ja geradezu anflehte, ihn mit ihren Gebeten zu unterstützen.

Mit klarem Willen und Entschlossenheit erhob sich der neue Papst, zwang den schwachen Körper und das bedrückte Gemüt zu gehorchen und begann mit seiner Reformarbeit.

Beginn der Reformarbeit

Die Käuflichkeit der Kirchenämter und die Sittenverderbnis der Geistlichen waren die beiden großen Problemkreise, woran die Kirche schon seit langem litt. Und hier setzte Gregor VII. mit seinen Bemühungen an. Viele Briefe aus der ersten Zeit seines Pontifikates verraten ein fieberhaftes Drängen, eine Ungeduld, die zum Ziele hatte, die Kirche zu ihrer eigentlichen Größe und Reinheit zu führen. Um die Heilung der Kirche ins Werk zu setzen, nahm Gregor auch weltliche Fürsten in die Pflicht und erwartete in einer gewissen vertrauensseligen Blindheit, dass der junge Heinrich in diesem Punkt zu gewinnen sei. Da er mit dem von Papst Alexander II. gebannten König nicht direkt verhandeln konnte, versuchte er durch Mittelsmänner die Beziehung mit Heinrich zu verbessern. Er tat also den ersten Schritt.

Abb. 30: Heinrich IV. (Chronik des Ekkehard von Aura 1112/14)

Und Gregor formuliert in einem seiner Briefe tatsächlich ein verspätetes Erziehungsprogramm, indem er schreibt:

> „… dass er den Jüngling zur Liebe unserer Heiligen römischen Kirche, seiner Mutter, zurückrufen und ihn zu einer Lebensart ermahnen und bilden wolle, dass er die Kaiserkrone würdig übernehmen kann."(Brief 1,11)[52]

Zunächst schien sich auch tatsächlich alles nach Gregors Wunsch zu wenden. Der junge König kam im Laufe des Sommers 1073 durch den Aufstand der schwer bedrückten Sachsen in eine verzweifelte Lage. Er fühlte sich gedemütigt und war dem Papst gegenüber zum Nachgeben bereit, weil er sich ausrechnete, dass Gregor mäßigend auf die Sachsen einwirken könnte. Heinrich schrieb einen Brief, der von Selbstanklage und Unterwürfigkeit troff und den nur ein völlig anders gelagerter Charakter ernst nehmen konnte. Hätte Gregor ein wenig mehr Welterfahrung in seine idealistischen Kämpfe einbringen wollen, dann hätte er die Heuchelei und den Opportunismus des jungen Königs sehr viel früher entlarven können, und es wäre ihm viel Kummer und Leid erspart geblieben.

Im Frühjahr 1074 berief Gregor seine erste Synode ein. Inhaltlich waren die Erlässe dieser römischen Fastensynode nicht neu. Doch die angedrohten Konsequenzen waren neu: In Zukunft sollte niemand eine Kirche kaufen oder verkaufen können. Wer durch Simonie zu einer Weihe oder Kirchenwürde gekommen war, könne hinfort keinen geistlichen Dienst mehr versehen. Kleriker, die wechselnder sexueller Kontakte überführt wurden, durften weder Messe lesen noch niedere Weihen ausüben.

„Kraft meiner apostolischen Autorität und um den Satzungen der heiligen Väter zu genügen, habe ich es

---

[52] Konrad Kirch, Papst Gregor VII. In Helden des Christentums II. Aus dem Mittelalter; Mit Zepter und Hirtenstab, Paderborn 1924

für die Pflicht meines Amtes gehalten, ein Ende mit der häretischen Simonie zu machen und der Geistlichkeit die Keuschheit aufzuerlegen." (Kirch: Gregor VII.)

So nachzulesen in einem Brief Gregors VII. an die Erzbischöfe von Mainz und Magdeburg. Die Reaktion Europas auf diese Ankündigung war erwartungsgemäß feindlich und ablehnend. Selbst in Rom schien sich der schuldige Teil der Geistlichkeit widersetzt zu haben, ebenso in Norditalien. In Frankreich, wo die Beschlüsse auf einem Konzil in Paris verkündet wurden, endete die Versammlung mit wüsten Beschimpfungen der Papsttreuen.

Als die päpstlichen Legaten König Heinrich IV. die Lossprechung vom Kirchenbann überbrachten und ihm gleichzeitig die Beschlüsse der Synode unterbreiteten, verhielt er sich zunächst neutral. Doch erhob sich unter den Bischöfen bald leidenschaftlicher Widerstand. Die beiden mächtigen Kirchenfürsten Liemar von Bremen und Siegfried von Mainz lehnten eine Synode unter dem Vorsitz der päpstlichen Legaten ab und weigerten sich auch, in Rom zu erscheinen. Als sich Siegfried von Mainz schließlich doch um eine Synode bemühte und seine Geistlichkeit zu Keuschheit und Zölibat zurückführen wollte, erntete er nur wilde Drohungen. Auch Altmann von Passau, ein reformtreuer Bischof, geriet buchstäblich in Lebensgefahr, als er seinen Klerus auf die römischen Beschlüsse verpflichten wollte.

Als im Jahr 1075 auf einer Fastensynode Rückschau gehalten wurde, konnte man sich keines Erfolges freuen. Doch der Papst war entschlossen, den Widerstand der Bischöfe zu brechen. Vorladungen waren in die verschiedenen Länder ergangen, um die Bischöfe an ihre Verantwortung zu mahnen. Eine Synode erneuerte die Vorschriften des vergangenen Jahres und verkündete die Konsequenzen gegen die angeklagten Bischöfe. Liemar von Bremen wurde abgesetzt und zudem gebannt, die

Bischöfe von Straßburg, Speyer und Bamberg vorläufig des Amtes enthoben.

Nun wusste man, Rom macht Ernst. Überwachung, Vorladung, Absetzung der Bischöfe, sei es von Rom aus oder durch päpstliche Legaten, war das Mittel der Wahl, um die Strukturreform nach jahrzehntelanger vergeblicher Mühe endlich umzusetzen.

Man warf Gregor vor, dass er durch Zentralisierung in die Amtsbereiche der Nationalkirchen eingegriffen habe. Dieser Vorwurf erscheint mir rechtens, aber letztlich standen, bedingt durch Simonie und laxe Lebensführung der Geistlichen, Kernanliegen der christlichen Religion auf dem Spiel. Ohne umfassende Strukturreform wäre die Kirche schließlich im Fleckerlteppich von Einzelinteressen und als Spielball der Mächtigen untergegangen.

Als Ergänzung zu den innerkirchlichen Reformen wurde auf der Fastensynode 1075 die Übertragung eines geistlichen Amtes - die Investitur - durch eine weltliche Gewalt für ungültig erklärt, und die weltlichen Herren, - gleich ob Kaiser, König oder andere Gewaltenträger - mit dem Kirchenbann bedroht. Gregor wusste aus bitterer Erfahrung, solange die Übertragung von Kirchengütern mit weltlichen Verpflichtungen geschah, war ein geistliches Leben der so Beschenkten kaum zu erwarten. Käuflichkeit und Unsittlichkeit des Klerus hatten allzu oft in der Investitur ihre Wurzeln. Zum einen wurden Bischöfe vom Lehensherrn nicht selten zu Kriegszügen verpflichtet, zum anderen wurden sie wie adelige Freunde behandelt, bei denen der Genuss in allen Facetten im Vordergrund ihrer Lebensführung stand. In diesem Umfeld konnte sich kein christlicher Geist behaupten - der soziale Druck war in beiden Fällen übermächtig.

In Frankreich hatte Gregor in der Frage des Investiturverbotes Rücksicht walten lassen, wenn er kirchliche Rechte schon anders gesichert wusste. In England wurde das Verbot nie verkündet. Wilhelm der Eroberer betrachtete die Bischofsernennung als Kronrecht; aber er bestellte nur würdige Männer und ohne Simonie - und Gregor schwieg. Zeichen dafür, dass es dem Papst nicht ums Prinzip ging, sondern darum, gefährliche weltliche Bedrohungen vom religiösen und sittlichen Kern der Kirche abzuwehren.

Das Eigenkirchenwesen in den deutschen Ländern

In Deutschland lagen die Dinge anders. Es begann alles damit, dass sich nach altgermanischer Rechtsvorstellung die Grundherren als letzte Eigentümer der auf ihrem Boden erbauten und beschenkten Kirchen sahen. Es war das sogenannte Eigenkirchenrecht, das hier zum Tragen kam. Dieses Recht wurde seit den Merowingern geübt und gehörte zur selbstverständlichen Rechtsanschauung jener Zeit.

In Deutschland war der ausgedehnte Besitz der Bischöfe und der großen Abteien in den staatlichen Aufbau des Reiches einbezogen. Die geistlichen Herrschaften trugen die Königsmacht. Otto I., der Baumeister des *Heiligen römischen Reiches Deutscher Nation* hatte mit voller Absicht die Kirchen mit fürstlichem Besitz und Recht ausgestattet, um ein Gegengewicht zu den Fürsten zu haben. Die weltlichen Lehensherren hatten ihre ursprünglichen Lehen, die sie für ihre Dienste vom König erhalten hatten, mittlerweile ihren Söhnen weitervererbt, wodurch diese vom König unabhängig wurden. Daher begann Otto den Kirchen große Güter zu überschreiben, um darüber als Lehensherr jederzeit verfügen und die Bischöfe als seine Vasallen einsetzen zu können. Im Grunde eine verhängnisvolle Verquickung von gegensätzlichen Interessen. Die Lehenspolitik brauchte die Bischöfe, die wegen fehlender Nachkommen immer wieder neu als Königsvasallen eingesetzt werden konnten, wodurch der Kirchenbesitz zumindest formal in den

Händen des Königs blieb. Im Hinblick auf die geistliche Eignung der vom König erwählten Bischöfe konnte man erwarten, dass gerechte und vornehme Naturen Personen wählten, die auch ihrem geistlichen Amt gewachsen waren. In vielen Fällen waren es aber Männer, die ausschließlich ihren weltlichen Interessen lebten und ihr Bischofsamt als lästige Nebenbeschäftigung betrachteten.

Um dieser verhängnisvollen Entwicklung entgegenzusteuern, hätte es schon früh, von kirchlicher Seite her, einer Lenkung bedurft. Doch war von päpstlicher Seite kaum Einspruch zu erwarten, solange die Karolinger, Ottonen und Salier Rom in Abhängigkeit hielten. Auch hier galt in einer etwas modifizierten Form das „Eigenkirchenrecht". In Rom wurde der Ortsbischof vom Volk und den Klerikern in überkommener Weise gewählt. Doch hatte der deutsche König oder der Kaiser das letzte Wort oder eben ein Einsetzungs- bzw. Vorschlagsrecht, wenn in Rom keine Einigung erreicht wurde, was im Grunde auch einer Laieninvestitur gleichkam.

Gregor VII., vielgereist und erfahren im Dienst von mehreren Päpsten, wollte dieser Entwicklung entgegenarbeiten. Es war ein schicksalsschwerer Augenblick der deutschen Kirche und der deutschen Krone. Eingefordert war dazu ein vertrauensvoller Wille zu Verständigung und sachlicher Diskussion. Auf Heinrichs Seite war der nicht gegeben. Doch auch in diesem Fall wird Gott auf krummen Zeilen gerade schreiben und das Opfer Gregors VII. unter einem anderen Papst mit Erfolg belohnen.

Noch sind wir mitten im Kampf um die Freiheit der Kirche. Heinrich, selbstunsicher und überfordert, vertraute seinen Räten, die sein Misstrauen schürten, sodass er Gregor nur als Gegner sehen konnte. Dass die grundsätzliche Frage nach dem Verhältnis zwischen Papst und Kaiser, dem *sacerdotium* und *imperium,* in diesem Zusammenhang mit aufbrach, liegt auf der Hand. Eine sachliche Diskussion dieser Frage - eine behutsame Abgrenzung der beiden Rechtskreise, wäre zweifellos möglich gewesen – war aber durch Misstrauen und verkrampftes Festhalten an der Eigenherrlichkeit Heinrichs zum Scheitern verurteilt. Noch vermied er den Bruch, noch trug er nicht die Kaiserkrone, die ohne den Papst nicht zu erlangen war. Gleichzeitig drohten die Sachsen in ernstzunehmender Kampfbereitschaft. Dennoch besetzte Heinrich die Bischofssitze Speyer, Lüttich und Bamberg mit Männern seiner Wahl, als habe es nie ein Investiturverbot gegeben. Gregor schwieg, weil sich der König dabei wenigstens vor dem simonistischen Verkauf der Würden gehütet hatte. Im Herbst desselben Jahres wurden freundlich klingende Briefe getauscht.

Doch dieser Friede zerbrach, als die Mailänder Machthaber Heinrich um die Investitur eines neuen Oberhirten baten. Dieser lehnte klugerweise die Bischofsernennung ab, doch gab er dem Kandidaten der Mailänder Reformgegner die Investitur. Dasselbe wiederholte sich danach in unmittelbarer Nähe von Rom, in Fermo und Spoleto.

Gregor konnte nun nicht länger schweigen. Eindringlich ermahnte er den König und lenkte dessen Blick vom persönlichen Streit zur Höhe empor: Dort war Christus der Herr, dessen ewige Herrschermacht der König anerkennen müsse. „Gefährlich ist es, SEINER Ehre die eigene vorzuziehen. Gott lässt seiner nicht spotten!" Aber noch zögerte der Papst, das letzte Wort zu sprechen und schickte eine geheime Gesandtschaft an den Königshof, die im Jänner zu Goslar eintraf. Doch der Papst wartete vergeblich auf eine konstruktive Antwort.

Am folgenden Reichstag zu Worms brach sich dann der lange verhaltene Groll gegen den Papst seine Bahn. Solange Gregor stand, konnte Heinrich die deutsche Krone nicht tragen wie er es wollte. Aber er fühlte sich frei, als die Sachsen in einem zweiten Kampf bezwungen wurden. Die grausame Art und Weise allerdings, wie Heinrich die Sachsen jahrelang behandeln ließ, trug nun mit dazu bei, dass sich die weltlichen Fürsten einer nach dem anderen von ihm distanzierten. Auf dem Reichstag zu Worms fand sich daher nur ein Fürst, der Herzog von Niederlothringen ein, der mit seiner Schwester, Mathilde von Tuszien, einer treuen Stütze des Papstes, im Streit lag. Aber die Bischöfe kamen in großer Zahl. Klug hielt sich Heinrich im Hintergrund. Was jetzt gegen Gregor unternommen wurde, sollte als Wille der deutschen Gesamtkirche erscheinen. In leidenschaftlicher Hektik wurde nun ein Schriftstück erarbeitet, das man unterschrieb. Es war eine ungeheuerliche Urkunde, worüber viele der Unterzeichner am folgenden Tag wahrscheinlich erschraken. Aber der Schritt war geschehen, und er bedeutete Aufruhr. Schon die Anrede verrät die Stoßrichtung:

> An den Bruder Hildebrand!
>
> Seine Wahl sei ungültig gewesen. Aber sie hätten noch zugewartet, ob er etwa durch gute Leitung der Kirche jenen Mangel verdecke. Nun aber sei es allen klar, er sei ein Verderber der Kirche, Unfrieden Stifter; in grausamen Hochmut habe er die Fackel der Zwietracht zuerst in Rom entzündet und dann in allen Kirchen Italiens, Deutschlands, Frankreichs und Spanien geschleudert „mit furienhaften Wahnwitz". (Kirch: GregorVII.)

Die bischöflichen Rechte suche er zu vernichten, indem er jeden beliebigen Rechtsfall aus der Diözese an sich ziehe, indem er gar das Volk gegen seine Hirten aufbiete; er wolle aus ihnen seine willenlosen Werkzeuge machen.

Am Schluss durfte auch eine niedrige Verdächtigung in Hinblick auf seine Beziehung zur Markgräfin von Tuszien nicht fehlen. Schließlich verstiegen sie sich zur förmlichen Aufkündigung des Gehorsams: Hildebrand ist ihnen nicht mehr Papst.

In ähnlichem Tone geht es in der Erklärung des Königs weiter, dem Urteil der Bischöfe beistimmend, „... aberkenne ich dir jegliches Recht auf das Papsttum, das du bisher scheinbar gehabt hast. Vom Sitze der ewigen Stadt, über die mir durch Gottes Huld und der Römer beschworene Zustimmung des Patriziats zusteht, steig herab, ich befehle es!"

Auch an die Römer wendet sich Heinrich, „durch Gottes Gnade König"; sie sollen sich in ihrer bewährten Königstreue gegen den Mönch Hildebrand erheben, ihn verjagen und einen anderen, wahren Hirten dorthin führen, den der König, „unter dem Beirat aller Bischöfe und dem euren" erwählen wird.

Diese Botschaften gelangten durch einen Boten vor die Versammlung der Fastensynode, die Gregor aufforderte, von seinem Sitz herabzusteigen und der Geistlichkeit gebot, sich zu Pfingsten an den Hof des Königs zu begeben, um von ihm einen Papst in Empfang zu nehmen.

Doch diesmal verrechnete sich Heinrich - zunächst entging der Bote nur durch Eingreifen Gregors den Schwertern, die sich auf ihn richteten. Am folgenden Tag sprach Gregor vor der Synode und der ganzen Welt, wie nur ein Papst zu sprechen vermag. Es war eine der großen Kundgebungen der Weltgeschichte, vor deren erhabener Größe man bis heute berührt und erschüttert wird. Gregor begann nicht als einer, der sich verteidigt, sondern wie einer, der sich vorm offenen Himmel weiß:

„Seliger Petrus, Fürst der Apostel, neige gütig dein Ohr und höre mich, deinen Knecht, den du von Jugend an gehegt und bis auf diesem Tag aus den Händen der Bösen befreit hast, die mich ob meiner Treue zu dir gehasst haben und hassen. Du bist mir Zeuge, und meine Herrin, die Gottesmutter, und der selige Paulus, dein Bruder, vor allen Heiligen: Deine Heilige Römische Kirche hat mich wider meinen Willen zu ihrer Leitung gezwungen, und ich konnte mir sagen, nicht durch eigenes Erraffen steige ich zu deinem Sitz empor..."

„Darum, auf dieses Vertrauen gestützt, für der Kirche Ehre und Schutz, im Namen des allmächtigen Gottes, des Vaters, des Sohnes und des Heiligen Geistes, durch die Macht deines Amtes enthebe ich König Heinrich, den Sohn des Kaisers Heinrich, der mit unerhörtem Übermut gegen die Kirche aufgestanden ist, der Regierung des ganzen deutschen Reiches und Italiens und löse alle Christen von der Eidespflicht, mit der sie sich ihm verbunden haben oder verbinden werden; und ich verbiete jeglichem, ihm als seinem König zu dienen...

Und weil er es verachtete, als Christgläubiger zu gehorchen und zu dem Herrn nicht zurückkehrte, den er verlassen hatte, indem er mit Gebannten weiter verkehrte und viele meiner Mahnungen, die ich ihm, wie du bezeugen kannst, zu seinem Heil sandte, verachtete, und sich von deiner Kirche trennte, indem er sie zu spalten versuchte, so belege ich ihn an deiner statt mit dem Bann. Und so banne ich ihn im Vertrauen auf dich; damit es allen Völkern offenbar werde, dass du Petrus bist und auf diesem Felsen der Sohn des Lebendigen Gottes seine Kirche gebaut hat und die Pforten der Hölle sie nicht überwältigen werden." (Reg 3, 10a)

Diese Erklärung - wir würden heute sagen - schlug in Deutschland wie eine Bombe ein. Gegen die weltliche Herausforderung des Königs hatte sich riesengroß die geistige Macht der Kirche erhoben. Heinrichs und der Bischöfe Versuch, dem Papst seine Würde abzusprechen, waren zu einem ohnmächtigen Schrei von blinder Leidenschaft zusammengeschrumpft. Hinter der Antwort des Papstes stand die geheiligte, in der ganzen Christenheit verehrte Macht, ihrer sicheren geistlichen Kraft bewusst und in dieser Sicherheit die geifernden Gegner niederzwingend.

Heinrichs aufgeblasener Auftritt in Worms musste zusammensinken. Doch Gregor blieb auch nach dem Konzil versöhnlich und verständnisvoll. Er wollte den König nicht verderben, wie dieser selbst von ihm sagen ließ, sondern dass er sich als gerechter Herrscher bewähre. Darum sollten die Großen des Reiches auf ihn einwirken, um ihn auf bessere Bahnen zu bringen. Gregor war also nicht der Meinung, Heinrich endgültig abgesetzt zu haben. Erst wenn alle Versuche der Besserung gescheitert seien, sei an eine Neubesetzung des Thrones zu denken.

Den Brief mit dem Kirchenbann empfing Heinrich in Utrecht. Voll leidenschaftlicher Wut gegen den Papst wollte Heinrich Gregor verfluchen lassen. Doch die beiden Bischöfe, die den Fluch aussprechen sollten, verschwanden über Nacht. Da übernahm der Bischof von Utrecht selbst die Verkündigung des Fluches mit der Folge, dass am selben Tag ein Blitz in die Kathedrale einschlug und den Ort des Fluches in Schutt und Asche legte.

Auf dem Reichstag zu Worms sollte ein gemeinsames Urteil über Gregor gesprochen werden. Doch starb der Bischof von Utrecht eines plötzlichen Todes, womit der König einen wichtigen Mitstreiter verlor. Der Bischof von Brixen, sein zweiter treuer Vasall, geriet in die Hände der Gegner des Königs. Auch sonderten sich unter dem Eindruck des päpstlichen Banns und der anderen Schreiben des Papstes die oberdeutschen Herzöge vom König immer mehr ab. Damit war die Wormser Tagung hinfällig geworden. Zum neuerlichen Termin in Mainz erschienen nur noch wenige Anhänger Heinrichs. Auch rüsteten die Sachsen wieder zum Aufruhr, den der König mit seiner geschwächten Heeresmacht nicht mehr niederschlagen konnte.

Doch die größte Gefahr entstand Heinrich durch den Unmut der Fürsten, die sich gegen den Gebannten verbündeten. Und nur ihrer inneren Uneinigkeit und dem Eintreten des großen Abtes Hugo von Cluny, dem Taufpaten des Königs, war es zu danken, dass man ihn nicht förmlich absetzte und zu Neuwahlen schritt. Aber seine Demütigung war vollkommen. Seine Stadt Worms musste er aufgeben, ein Unterwerfungsschreiben an den Papst richten, dessen Wortlaut vereinbart wurde. Die gebannten Räte musste er entlassen und die Regierungsgeschäfte an Vertreter übergeben. Darüber hinaus beschlossen die Fürsten, Heinrich in Jahresfrist abzusetzen, wenn er bis dahin vom Bann nicht gelöst sei. Gregor wurde von den Fürsten über die Triburer Vorgänge informiert und gleichzeitig eingeladen, nach Deutschland zu kommen, um im Streit zwischen ihnen und dem König zu vermitteln.

Nun kam es für Heinrich darauf an, seine Sache nicht dem gemeinsamen Urteil des Papstes und der Fürsten auszuliefern. Zur Wahrung seiner Würde wollte er als Staatsoberhaupt nur mit dem Oberhaupt der Kirche verhandeln. Die Fürsten betrachtete er als seine Lehensmänner. Aus dieser Haltung heraus hatte er auch eigenmächtig das Schreiben geändert, das die deutschen Boten an Gregor übergaben, und durch ein anmaßendes Schlusswort ergänzt, das seiner Sache allerdings mehr schadete als nützte.

Daraufhin entschloss sich Gregor „gegen den Rat und Wunsch der Römer" über die Alpen nach Augsburg zu reisen, wo er am 2. Februar 1077 die Fürsten treffen wollte. Völlig unerwartet tat nun der König einen Schritt, der alle Berechnungen der Gegenseite über den Haufen warf. Mit seiner Familie und kleinem Gefolge machte er sich heimlich auf nach Rom, um vom Papst die Lösung vom Bann gewissermaßen zu erzwingen. Mitten in einem ungewöhnlich strengen Winter überschritt er von Burgund aus die Alpen und erschien überraschend für alle, am Po. Voller Sorge über die Absichten des Königs unterbrach Gregor seine Reise und zog sich nach Canossa, dem festen Stammschloss seiner treuen Helferin Markgräfin Mathilde von Tuszien, zurück.

Die Lombarden kamen dem König freudig entgegen, doch dieser hatte anderes im Sinn. Von Reggio aus versuchte er zunächst durch Mittelsmänner mit dem Papst zu verhandeln.

Abb. 31: Heinrich IV. bittet Abt Hugo von Cluny und Mathilde von Tuszien um Vermittlung

Als sich die Verhandlungen dahinzogen, entschloss sich der König zu einem entscheidenden Schritt: Er erschien am 25. Jänner 1077, in bitterer Winterkälte, mit einigen der anderen Gebannten vor der Burg von Canossa, als Büßer! Im Beinkleid und barfuß stand der König vor den verschlossenen Toren und wartete vergebens auf Einlass, einen zweiten und einen dritten Tag. Gregor berichtet selber über dieses Ereignis in einem Schreiben an die Deutschen:

> Da verharrte er drei Tage hindurch vor dem Tore der Burg nach Ablegung allen königlichen Schmuckes in kläglichem Aufzug, nämlich unbeschuht und in ein Wollgewand gehüllt, und er hörte nicht eher auf, mit vielem Weinen die Hilfe und die Tröstungen des apostolischen Erbarmens anzuflehen, als bis er alle, die zugegen waren, und zu denen die Kunde gelangte, so zu mildem und barmherzigen Mitgefühl bewegte, dass sie mit vielen Bitten und Tränen für ihn eintraten und alle sich wenigstens über die ungewohnte Härte unseres Sinnes wunderten, einige laut riefen, dass in uns nicht der Ernst der apostolischen Strenge, sondern eine geradezu grausame, selbstherrliche Wildheit zutage trete. (Reg.4,12)

Der Papst hatte zweifellos schwer mit sich zu kämpfen und das nicht grundlos. Welche Garantien bot ihm die gegenwärtige Bußfertigkeit des Königs? Wie würden die deutschen Fürsten den unvermuteten Friedensschluss aufnehmen? Als Politiker hatte er sicher schwere Bedenken, den unzuverlässigen König so leicht ziehen zu lassen. Zweifellos kannte der König, der unter Bischöfen groß geworden war, die wunden Punkte der Geistlichen, ein Wissen, das er nun weidlich ausnützte. Im Grunde konnte er sicher sein, dass Gregor als guter Hirte an ihm handeln und seine offensichtliche Zerknirschung mit der Lossprechung vom Bann beantworten würde. Gregor als Seelsorger nützte auch die Lage des büßenden Königs nicht aus und verzichtete auf konkrete politische Zugeständnisse, was sich später realpolitisch bitter rächte. So begnügte er sich mit unbestimmten Zusagen, wonach sich der König mit den Fürsten friedlich vergleichen und dem Papst für seine Reise über die Alpen eine Begleitmannschaft zur Verfügung stellen sollte. Die Frage der Absetzung wurde nicht berührt. Nach eindringlichen Worten nahm der Papst den Gebannten wieder in die Kirche auf und reichte ihm während der nun folgenden Messe als Zeichen der Versöhnung die Hl. Kommunion.

Mit der Lossprechung von Canossa gewann Heinrich wieder Halt. Der Entschluss zur Buße war ein unvergleichlicher Schachzug im Spiel um die Krone. Als König verhandelte er mit dem Papst und wurde von diesem so genannt. Als König konnte er nun auch den übrigen Widersachern entgegentreten.

Und Gregor? Nicht umsonst hatte er drei Tage mit sich gerungen, weil ihm schon bewusst war, welche politischen und persönlichen Folgen die Lösung des Bannes haben konnte. Dennoch entschied er sich für die Vergebung. Und damit begann das Ansehen Gregors in der Achtung der Welt zu sinken, bis es in der Dunkelheit von Salerno erlosch.

Auf die Königsgegner musste das Ergebnis von Canossa extrem enttäuschend wirken. Sie konnten nicht begreifen, wie der Papst seinen und ihren Vorteil, den sicheren Sieg so leicht aus der Hand geben konnte. Damit wurde klar, dass er zu einem entschlossenen Politiker nicht taugte; offensichtlich schienen ihm andere Rücksichten wichtiger als die politische Forderung der Stunde. Dadurch war er nicht einsetzbar für ihre Zwecke, und Gregor stand allein.

Beim Fürstentag zu Forchheim im März 1077, ließ sich der König entschuldigen. Gregor konnte ohne den versprochenen Geleitschutz nicht über die Alpen und den

Fürsten war es offensichtlich auch ziemlich gleichgültig, ob der Papst kam oder nicht. Die päpstlichen Legaten, die er nach Forchheim entsandte, sollten die drohende Absetzung des Königs zunächst verhindern. Doch dazu reichte ihr Einfluss nicht aus, und so wurde Rudolf, Herzog von Schwaben, von den anwesenden Fürsten zum König ausgerufen.

Nun erwartete man von Gregor, dass er die neue Situation anerkenne und aus politischer Klugheit hätte er es auch tun müssen. Doch er wollte abwarten, ob Heinrich sein Versprechen einlösen und sich um einen friedlichen Ausgleich mit den Fürsten bemühen würde. Ihm ging es dabei um Gerechtigkeit, während von beiden Seiten eine klare Parteinahme gefordert wurde. In seiner Gewissenhaftigkeit musste Gregor die Lage prüfen, doch das schien unmöglich, weil sich die Nachrichten über beide Gegner nicht selten widersprachen, und ein persönliches Erscheinen eines Schiedsrichters von beiden Seiten nicht mehr erwünscht war. Entmutigt kehrte er daraufhin nach Rom zurück und schrieb in einem Brief an Udo von Trier:

> „Welche Sorge uns die Wirrsale im deutschen Reich bereiten, welche Angst wir darob erleiden, weiß nur der, der die Herzen erforscht und klar darin liest. Wir haben zu IHM gebetet, und wir beten noch, indem wir viele Brüder und Ordensgemeinden zu gleichem Gebet aufrufen, sich dieses Volkes zu erbarmen und nicht zuzugeben, dass es die Waffen gegen sich selbst kehre und im Bürgerkriege die eigene Kraft vernichte." (Reg 5,7)

Die Verhandlungen in Deutschland zerschlugen sich, und die Dinge wurden immer schlimmer. Es waren die Sachsen, die zuerst die Waffenruhe brachen und Gregors Vermittlertätigkeit zunichtemachten. Wieder hatte Gregor eine Niederlage erlitten. Auf einem neuen Konzil versammelten sich die Legaten der Nebenbuhler bei Gregor, und Heinrichs Vertreter schworen abermals, dass der

König die Friedenstagung nicht hindern würde; aber Ergebnisse im eigentlichen Sinn blieben aus. Trotz der Klagen Rudolfs und der Sachsen über die treulosen Schandtaten der Gegner weigerte sich Gregor den Bann über Heinrich neuerlich auszusprechen. Wieder schickte der Papst Legaten, die Klarheit über die Situation gewinnen und anschließend berichten sollten. Danach wollte er die Entscheidung treffen, wer rechtmäßiger König sei.

Aber Gregors Plan wurde obsolet. Heinrich kam entgegen seinem eidlichen Versprechen mit Heeresmacht zum Schiedstag nach Würzburg. Von Sicherheitsgeiseln war nicht mehr die Rede. Er wollte den König hervorkehren, erklärte sein Recht auf die Krone und verlangte vom Papst, über den Gegenkönig den Bann auszusprechen. Die Legaten schwiegen und ließen Heinrich gewähren. Und damit war klar, dass die Friedensbemühungen des Papstes endgültig gescheitert waren.

Sollte der Papst nun Deutschland seinem Schicksal überlassen? Dieser Gedanke lag ihm fern. Als Hüter der Christenheit musste er nun die Entscheidung im Thron Streit fällen, die ihm beide Lager abverlangt hatten.

Auf der Fastensynode 1080 erfolgte dann die schicksalsschwere Erklärung. Wie vier Jahre davor, kleidete er seinen Spruch in die feierliche Form des Gebetes an die Apostelfürsten. Heinrich habe während der letzten Jahre seiner Amtszeit nachweislich alle Friedensvermittlungen boykottiert und seine Verpflichtungen der Kirche gegenüber immer wieder verletzt. Rudolf habe von nun an als König zu gelten.

Im Grunde beendete das Urteil nur, was seit Canossa trotz der Lösung vom Bann, in Schwebe blieb. Wenn sich der Papst seit der peinlichen Königswahl vor jeder Begünstigung einer Seite hütete, trat Heinrich doch belastet mit allen den unerledigten Anklagen der Vorjahre in den Königsstreit. Diese Last war während der letzten

Jahre nur schwerer geworden. Die Klagen aus Deutschland über des Königs Grausamkeit mehrten sich. Gleichzeitig führte er ein ausschweifendes lasterhaftes Privatleben, das den primitivsten sittlichen Ansprüchen widersprach. Zudem verfügte Heinrich mit verblüffender Unverfrorenheit eigenmächtig über die Bistümer. Zu diesen Übergriffen schwieg Gregor, um die Friedensbemühungen nicht zu stören. Doch insgesamt trugen auch diese selbstherrlichen Entscheidungen dazu bei, das Klima weiter zu belasten.

Gregors Haltung bei diesem zweiten Spruch war ebenso groß und feierlich wie beim ersten Mal und ebenso gewiss im Vertrauen auf Gottes besondere Hilfe. War er verblendet über die wirkliche Lage der Dinge im Kampfgebiet, über die realpolitische Fragwürdigkeit seines Bannspruches? Im Grunde erscheint mir der neuerliche Bann als verzweifelter Versuch Gregors, die großen Ziele der mittelalterlichen Völker doch noch zu retten: Den Frieden der Kirche und das Glück der Menschen. Seine prophetischen Worte entsprangen düsteren Ahnungen, als er sich mit seiner ganzen Kraft dem Schutz von oben unterwarf. Wie hätte sich der Papst einer Täuschung hingeben können? Wusste er doch, dass der gebannte König noch über viele Anhänger verfügte und über eine Heeresmacht, die Rudolf sehr gefährlich werden konnte. Dazu kam, dass die Herren der Lombardei unversöhnlich gegen ihn selbst opponierten und auf die Normannen im Süden, seine Vasallen, im Ernstfall kein Verlass war.

Für den Kämpfer auf dem Thron des Hl. Petrus begann nun das letzte Stück seines Kreuzweges in der Nachfolge seines Herrn, Jesus Christus.

Zu Pfingsten versammelte Heinrich ein Konzil zu Brixen, und es wurde beschlossen, Gregor VII. abzusetzen. Männer, die Gregor mit Nachsicht behandelt hatte, waren hier seine erbittertsten Feinde. Wieder wurde Hugo der Weiße, wie vor Jahren in Worms, zum Ankläger des

Papstes. Er war seinerzeit von Papst Alexander gebannt und von Gregor mit mehr Güte als Menschenkenntnis wieder in Gnaden aufgenommen worden. Wieder wurden die alten Anschuldigungen vorgebracht: Ungültigkeitserklärung der Papstwahl, üble Verleumdungen hinsichtlich seines persönlichen Lebens, ergänzt durch an den Haaren herbeigezogenen Vorwürfen, wie z. B. der Häresie.

Gregor VII. war geradezu ein Märtyrer der Rechtgläubigkeit geworden. Vielleicht erinnern wir uns in diesem Zusammenhang noch an die Frage des Hohepriesters: „Bist du der Messias, der Sohn des lebendigen Gottes!" Darauf Jesus: „Du hast es gesagt!" (Mt26,63/64), womit sein Tod besiegelt war. Jesus starb für die Wahrheit, und Gregor wurde vertrieben, weil er der Gerechtigkeit diente.

Als Klemens III. wurde in Brixen Wibert von Ravenna, eine Schachfigur im Spiel Heinrichs, als neuer Papst eingesetzt. Ab nun wurde der Aufstieg auf Kalvaria für Gregor sehr eng und steinig. Als am 29. Juni Robert Guiskard - als Herr der südlichen Eroberungen - sich als Lehensmann des Papstes bekannte, knüpfte Gregor die alten Beziehungen wieder an und hoffte auf Hilfe: „Sobald der heiße Sommer vorüber wäre, könnte man nach Ravenna ziehen und den frechen Eindringling Wibert verjagen."

Doch Robert Guiskard hatte andere Pläne für den Herbst, weitausgreifende Pläne nach Konstantinopel hin und er dachte nicht im Traum daran, diese Pläne in Vasallentreue gegen den bedrohten Landesherrn zu opfern. Wieder einmal war der idealistisch gesinnte Gregor an realpolitische Grenzen gestoßen.

Dann kam ein neuer Schlag: Rudolf fiel in der Schlacht an der Elster (15.Oktober 1080). Was mag damals in Gregors Seele vorgegangen sein? Hatte er den rechtmäßigen

König gebannt? Hatte er sich durch reale Rücksichten blenden lassen und gegen Gottes Vorsehung entschieden? Diese Fragen mussten offenbleiben. Gleichzeitig wurde Gregors äußere Lage immer schwieriger. Die Truppen der Markgräfin Mathilde wurden in Norditalien geschlagen, und daher war der Weg über die Alpen völlig frei, als Heinrich und seine Heerscharen im Frühjahr darauf nach Rom zogen.

Gregor hielt im selben Frühjahr das gewohnte Fastenkonzil: Der Bann gegen Heinrich wurde erneuert, und Gregor zog sich in seine innere Burg zurück - die fester war als alle Steinbauten - in die Gewissheit von der Würde und Aufgabe des obersten Hirtenamtes der Christenheit.

Zwar setzte Heinrich seine Truppen in Bewegung, um das Ringen zwischen Papst und Herrscher mit der Waffe zu entscheiden. Doch musste der König unverrichteter Dinge wieder abziehen. Im Frühjahr 1082 stand er wieder vor Rom, auch diesmal ohne Erfolg. Doch als er im Frühjahr 1083 die Belagerung abermals aufnahm, war der Wille der Stadt zum Widerstand gebrochen, und Heinrich zog in Rom ein. Noch glühte ein Funken Hoffnung. Hugo von Cluny bemühte sich um einen Ausgleich. Gregor berief eine Synode ein, und Heinrich verbürgte sich für freien Zuzug der geladenen Bischöfe. Doch dann brach Heinrich sein Wort und nahm die Anhänger des Papstes gefangen. Damit wurde der Bruch unheilbar.

Im Herbst des folgenden Jahres stand der König wieder vor Rom. Schon wollte er unverrichteter Dinge abziehen, da ereignete sich das Unerwartete: Eine römische Gesandtschaft lud ihn ein, Rom friedlich in Besitz zu nehmen. Daraufhin kehrte Heinrich um und bezog am 21. März den Lateranpalast. Das war Heinrichs endgültiger Sieg über den lästigen Widersacher.

Abb. 32: Vertreibung des Papstes Gregor VII. und sein Tod

Diese Wendung kam für Gregor völlig unerwartet. Mit knapper Mühe entkam er aus dem Lateran und flüchtete in die Engelsburg. Noch schwerer wog allerdings der innere Treubruch von dreizehn Kardinälen, die ihn in einer Versammlung von Klerikern für abgesetzt erklärten. Wibert von Ravenna wurde als Klemens II. auf den päpstlichen Thron erhoben, und Heinrich zu Ostern durch „seinen Papst" zum Kaiser gekrönt.

Als Herzog Robert endlich mit seinen normannischen Truppen angerückt kam, um seinem Lehensherrn beizustehen, entzog sich Heinrich dem Kampf und verließ mit seinen Leuten Rom. Er hatte erreicht, was er wollte, er hatte Gregor endgültig vertrieben und war zum Kaiser gekrönt worden - die Stadt Rom und ihr Schicksal konnte ihm gleichgültig sein. Tatsächlich mussten die Normannen Rom erst erobern. Danach wurde die Stadt geplündert und teilweise zerstört. Wieder war die Stadtbevölkerung in eine Auseinandersetzung geraten, die nur Leid und Elend gebracht hatte.

Gregor spürte die immer feindlicher werdende Atmosphäre der Stadt und zog mit Robert Guiskard nach dem Süden. Im Herbst kehrte er in die Laterankirche zurück und feierte die Novembersynode. Dabei sprach Gregor vor dem Konzil über die Hebung des Glaubenslebens und des christlichen Wandels, über Mut und Festigkeit in der gegenwärtigen Not.

> „Nicht wie ein Mensch, sondern wie ein Engel, sodass die ganze Versammlung in Tränen ausbrach …"(Kirch: Gregor VII.)

Das Ende dieses trauervollen Heldenlebens liegt im Dunkeln. Noch im Winter desselben Jahres konnte der Gegenpapst, unterstützt von der kaiserlichen Partei, wieder in die Stadt zurückkehren, und Gregor musste weichen. Noch ein letztes Mal sandte er Legaten nach Deutschland mit einem Begleitschreiben, worin er festhielt:

> Seit er wider Willen den päpstlichen Thron bestiegen habe, sei es sein höchstes Streben gewesen, „… die heilige Kirche, die Braut Gottes, unsere Herrin und Mutter, zu ihrer Schönheit zurückzuführen, auf, dass sie rein, keusch und katholisch bleibt."(Ep.46)

Das Schreiben endet mit einem ergreifenden Hilferuf - doch dieser verhallte ungehört. Gregor VII. war auf dem Gipfel von Kalvaria angekommen. Als Flüchtling, ausgelaugt und einsam starb er im Exil, am 25. Mai 1085 in Salerno. Gregors gut bezeugte letzte Worte wandelten den Bibelvers aus Jesaja 61, 8 ab:

> „Ich habe die Gerechtigkeit geliebt und das Unrecht gehasst, deshalb sterbe ich in der Verbannung."

Würdigung und Ausblick

Der unermüdlicher Einsatz Papst Gregors VII. für die Reform der Kirche war zu seiner Zeit und ist auch noch heute ein Ärgernis. Blättert man in den einschlägigen Artikeln im Internet, dann wird dieser Papst bis heute als Persönlichkeit hingestellt, der den „armen" Kaiser Heinrich IV. machtpolitisch bedrängt hat. Auch wird die geistliche Binde- und Lösegewalt des Papstes, d.h. die Berechtigung weltliche Herrscher von ihren Ämtern zu entheben, und dessen Vasallen vom Treueid zu entbinden, negativ dargestellt. Kaum jemand nimmt sich die Mühe, den Hintergrund auszuleuchten, der dieser heftigen Konfrontation zwischen *imperium* und *sacerdotum* zugrunde lag.

Wenn man biographische Daten ernst nimmt, dann müsste man gerechterweise zum Schluss kommen, dass es Hildebrand nicht um persönliche Machtinteressen gehen konnte, weil er am Beginn seines Pontifikates zusammengebrochen war und sehr krank wurde. Die moderne Psychologie hat uns gelehrt, solche „Zufälle" entsprechend zu deuten. Sein Bemühen um Reform ging Hand in Hand mit einer gewissen Blindheit dem jungen Heinrich gegenüber, der ihn zu manipulieren versuchte, und was diesem auch gelang. Gregor VII. und Heinrich IV. waren ein Paar, das man gegensätzlicher nicht denken kann. Gregor VII. hingegeben an die Idee einer bleibenden Kirchenreform und diszipliniert bis zur Selbstaufgabe. Heinrich IV., ein Mensch, der nur sich selbst Gesetz war und klug die Schwächen des Papstes ausnützte.

Als Seelsorger musste er Heinrich vom Bann lossprechen – und dass er dies ohne vorsorgende Sicherheiten tat - zeigt überdeutlich, wie wenig er die politischen Hintergründe des Königs ins Kalkül zog. Den König vom Bann zu lösen, ohne ihn „festzunageln", bedeutete einen Affront gegenüber den Reichsfürsten, die sich eine klare

Stellungnahme des Papstes erwarteten. Im Grunde versagte Gregor „politisch auf allen Linien", weil es ihm um völlig andere Ziele ging, als jene, die man ihm bis heute zur Last legt.

Trotz seiner politischen Niederlage und seiner Verbannung blieb der Einsatz von Papst Gregor VII. nicht vergeblich. Durch die Klarheit und Festigkeit, womit er die weltliche Einflussnahme auf die kirchliche Hierarchie bekämpfte, schuf er die Basis, worauf nachfolgende Päpste aufbauen konnten. Das *Wormser Konkordat*, das zwischen Kaiser Heinrich V. und Papst Calixt II. am 23. September 1122 abgeschlossen wurde, beendete den Investiturstreit, indem der Kaiser die innere strukturelle Unabhängigkeit der Kirche anerkannte.

Anhang

Das Große Glaubensbekenntnis

Ökumenische Fassung	Lateinische Fassung
Wir glauben an den einen Gott, den Vater, den Allmächtigen, der alles geschaffen hat, Himmel und Erde, die sichtbare und die unsichtbare Welt. Und an den einen Herrn Jesus Christus, Gottes eingeborenen Sohn, aus dem Vater geboren vor aller Zeit: Gott von Gott, Licht vom Licht, wahrer Gott vom wahren Gott, gezeugt, nicht geschaffen, eines Wesens mit dem Vater; durch ihn ist alles geschaffen. Für uns Menschen und zu unserem Heil ist er vom Himmel gekommen, hat Fleisch angenommen durch den Heiligen Geist von der Jungfrau Maria und ist Mensch geworden. Er wurde für uns gekreuzigt unter Pontius Pilatus, hat gelitten und ist begraben worden, ist am dritten Tage auferstanden nach der Schrift und aufgefahren in den Himmel.	Credo in unum Deum, Patrem omnipotentem, factorem cæli (cœli) et terræ, visibilium omnium et invisibilium. Et in unum Dominum Iesum Christum, Filium Dei unigenitum, et ex Patre natum ante omnia sæcula. Deum de Deo, Lumen de Lumine, Deum verum de Deo vero, genitum non factum, consubstantialem Patri; per quem omnia facta sunt. qui propter nos homines et propter nostram salutem descendit de cælis (cœlis). Et incarnatus est de Spiritu Sancto ex Maria Virgine, et homo factus est. Crucifixus etiam pro nobis sub Pontio Pilato, passus et sepultus est, et resurrexit tertia die, secundum Scripturas, et ascendit in cælum. (cœlum), sedet ad dexteram Patris.

Er sitzt zur Rechten des Vaters und wird wieder kommen in Herrlichkeit,
zu richten die Lebenden und die Toten;
seiner Herrschaft wird kein Ende sein.
Wir glauben an den Heiligen Geist,
der Herr ist und Lebendig macht, der aus dem Vater und dem Sohn hervorgeht, der mit dem Vater und dem Sohn angebetet und verherrlicht wird, der gesprochen hat durch die Propheten, und die eine, heilige, katholische (evangelisch: allgemeine)*
und apostolische Kirche.
Wir bekennen die eine Taufe zur Vergebung der Sünden.
Wir erwarten die Auferstehung der Toten und das Leben der kommenden Welt.
Amen.

Et iterum venturus est cum gloria, iudicare vivos et mortuos, cuius regni non erit finis.

Et in Spiritum Sanctum, Dominum et vivificantem, qui ex Patre (filioque) procedit.

Qui cum Patre et Filio simul adoratur et conglorificatur: qui locutus est per prophetas.

Et unam, sanctam, catholicam et apostolicam Ecclesiam.

Confiteor unum baptisma in remissionem peccatorum.

Et expecto resurrectionem mortuorum, et vitam venturi sæculi.

Amen.

Kurzer Abriss zur Religion der germanischen Stämme

Von der Religion des Nordens zur Zeit Ansgars berichten mehrere zuverlässige Quellen. Im Kampf mit einer Natur, worin man nur in einer stabilen menschlichen Gemeinschaft überleben konnte, träumte man von einem Götterhimmel, der ähnlich aufgebaut war, wie die eigene Familie, die eigene Sippe. Oberster Gott war der einäugige Odin (Wodan), der oberste Familienvater, der sich bei seiner Regierung auf verschiedene Familienmitglieder stützte. Diesen wurden verschiedene Aufgaben zugeteilt, die sie fähig machten, in bestimmten Situationen wirksam zu helfen. Odins Sohn Tyr (Thiu, Ziu), der einhändige, weil er immer nur für eine Partei den Sieg in der Hand hat, half den Bittenden in ihren Kämpfen. Thor, der Rotbärtige, ein derb-sinnlicher Gott, gebot über Wolken und Regen und brachte Gewitter ins Land. Sein Herrschaftszeichen war ein kurzstieliger Hammer (Miölnir), der nach jedem Wurf in seine Hand zurückkehrte. Mit diesem heiligen und segenbringenden Zeichen wurden nicht nur die Bräute eingeweiht, sondern auch die Scheiterhaufen, auf denen die Toten verbrannt wurden, um im Jenseits und bei Thor eine gnädige Aufnahme zu finden.

Zu Thor und Odin tritt Freyr, als Gott des Friedens und der Liebe, unter die Himmelsbewohner. In seiner Hand liegt die Fruchtbarkeit der Erde. Der Gott des Lichtes, der Weisheit, der Anmut und Unschuld ist Baldr. Der böse Loki traf ihn durch den blinden Höd und daher musste er in die dunkle Wohnung des Hel wandern. Loki ist der Verleumder der Götter, der Vater allen Betruges und er trägt auch Schuld an den meisten Übeln, die den Menschen heimsuchen.

Auch Göttinnen kannte die nordische Sage. Die vornehmste war Frigg, Odins Gemahlin, die Schirmherrin der Ehe, die Gütige, an die sich die Kinderlosen mit ihren Sorgen wenden konnten. Freya, die Schwester von Freyr wurde als Kriegsgöttin verehrt, die sich um die Toten von der Walstätte kümmerte.

Gütige Frauen sind die Feen, die im Lande umhergehen, um zu helfen und Freude zu bringen. Mit ihnen sind die Walküren verwandt, die von Odin in jede Schlacht entsendet werden und dort bestimmen (küren), wer fallen soll. Danach geleiten sie die Gefallenen nach Walhalla, wo die Helden ein ewiges Leben erwartet, das ihren irdischen Träumen sehr nahekommt: Tag für Tag werden sie von Walhalla ausziehen, um zu kämpfen und am Ende des Tages mit Eberbraten und ausreichend Met empfangen zu werden. Das Feiern in Walhalla wird erst ein Ende nehmen, wenn in der „Götterdämmerung" die Welt samt ihren Göttern untergeht.

In der darauffolgenden Schlacht kämpft Freyr gegen Surt, wobei Freyr erliegt. Thor gelingt es zwar, die Midgardschlange zu besiegen, doch kaum hat er sich neun Schritte von der Schlange entfernt, stirbt er an ihrem Gift. Odin tritt gegen den Fenriswolf an, der ihn verschlingt. Loki beginnt den Kampf gegen Heimdall, worin beide umkommen. Schließlich schleudert Surt Feuer über die ganze Welt, das alles zerstört (Weltenbrand - Ragnarök).

Daraufhin wird eine neue Welt entstehen, ein neuer Himmel, eine neue Hölle und eine neue Erde. Zuletzt „kommt der Mächtige zum großen Gericht, der Gewaltige von oben, der über alle Macht hat und die heilige Ordnung einsetzt, die gelten soll."

Literaturverzeichnis

Johannes Jung, Der große heilige Missionar: Bonifatius, St. Gabriel, Mödling 1983

Konrad Kirch, Bonifatius In: Helden des Christentums II. Aus dem Mittelalter; Leuchten in dunkler Zeit, Paderborn 1933

Bernhard Kuhlmann, Der heilige Bonifatius, Apostel der Deutschen, Paderborn 1895

Johann Joseph Laur, Der heilige Bonifatius, Apostel der Deutschen, Freiburg im Breisgau 1922

Gustav Schnürer, Bonifatius, Die Bekehrung der Deutschen zum Christentum, Mainz 1909

Gottfried Traub, Bonifatius, ein Lebensbild, Leipzig 1894

Hannes Gamillscheg, Ich kenne keine Angst: Ansgar, St. Gabriel Mödling 1979

Konrad Kirch, Ansgar In: Helden des Christentums II. Leuchten in dunkler Zeit; 2. Auflage - Paderborn 1933

Philippus Oppenheim, Der heilige Ansgar, München 1931

Jürgen Hoffmann, Vita Adalberti. In: Adalbert-Stiftung (Hrsg.): Europäische Schriften der Adalbert-Stiftung, Krefeld. Band 2., Essen 2005

Konrad Kirch, Adalbert von Prag In: Helden des Christentums II. Aus dem Mittelalter; Mit Zepter und Hirtenstab, Paderborn 1924

Graf Angelus Waldstein/ Franz Machilek, Adalbert In: Die Landespatrone der böhmischen Länder / hrsg. von Stefan Samerski. – Paderborn, Wien [u.a.], 2008

Iotsaldus, Cluniacensis, 1051 [Verfasser]; Johannes Staub [Herausgeber], Vita des Abtes Odilo von Cluny; Vita Odilonis, Hannover 1999

Konrad Kirch, Odilo von Cluny In: Helden des Christentums II Aus dem Mittelalter; 2. Mit Zepter und Hirtenstab - Paderborn 1924

Odilo Ringholz, Der Heilige Abt Odilo von Cluny in seinem Leben und Wirken, Brünn 1885

Odilo Ringholz, Die Einführung des Allerseelentages durch den heiligen Odilo von Cluny. In: Wissenschaftliche Studien und Mittheilungen aus dem Benedictiner-Orden, Bd. 2 (1881), Nr.4

Daniel Schwenzer, Odilo, 5. Abt von Cluny. In: Biographisch-Bibliographisches Kirchenlexikon, Band 16, Bautz, Herzberg 1999, Sp. 1171–1176.

Konrad Kirch, Heinrich und Kunigunde In: Helden des Christentums II. Aus dem Mittelalter; Mit Zepter und Hirtenstab, Paderborn 1924

Müller P. Heinrich, Das heilige Herrscherpaar Heinrich und Kunigunde, Steyl 1908

Stefan Weinfurter, Heinrich II. (1002–1024). Herrscher am Ende der Zeiten. Regensburg 2002

Stefan Weinfurter Stefan, Die Zentralisierung der Herrschaftsgewalt im Reich durch Kaiser Heinrich II. In: Historisches Jahrbuch. Bd. 106, 1986

Ute Renate Blumenthal, Gregor VII. Papst zwischen Canossa und Kirchenreform, Wissenschaftliche Buchgesellschaft, Darmstadt 2001

Fried Johannes, Der Weg in die Geschichte. Die Ursprünge Deutschlands bis 1024, Berlin 1998

Konrad Kirch, Papst Gregor VII. In Helden des Christentums II. Aus dem Mittelalter; Mit Zepter und Hirtenstab, Paderborn 1924

Rudolf Schieffer, Papst Gregor VII. Kirchenreform und Investiturstreit C. H. Beck, München 2010

Johannes Voigt, Papst Gregorius der Siebente und sein Zeitalter aus den Quellen dargestellt, Wien 1819

Gustav Faber, Auf den Spuren Karl des Großen, München 1984

Fischer Weltgeschichte, Band 9 und 10, Frankfurt/Main, 1968

Leopold von Ranke, Weltgeschichte, Band 7-9, Hamburg 1928

Abbildungsverzeichnis

Abb. 1: Ausdehnung des fränkischen Reiches, © Historical Atlas by William R. Shepherd - Autor: Sémhur, translated by Jka Wikimedia Commons

Abb. 2: Das Siedlungsgebiet der Friesen, © Temmo Bosse Wikimedia Commons

Abb. 3: Bonifatius fällt die Donareiche von Bernhard Rode, (1781) © James Steakley, Wikimedia Commons

Abb. 4: Märtyrertod von Bonifatius, Fuldauer Sakramentarium (10.Jh), © unbekannter Autor Wikimedia Commons

Abb. 5: Langobardenkrone © James Steakley Wikimedia Commons

Abb. 6: Aachener Dom, Karlsthron © Berthold Werner (talk I contribs) Wikipedia Commons

Abb. 7: Karolingische Minuskeln aus der Vita Sancti Martini von Sulpice Sévère © Cyberprout (talk I contribs) Wikimedia Commons

Abb. 8: Aachen, Karlsbüste in der Aachener Domschatzkammer Beckstet (talk I contribs) Wikipedia Commons

Abb. 9: Landkarte zur Situation des Reiches nach der Teilung von Verdun, © Christoph S., Wolpertinger Wikimedia Commons

Abb. 10: Codex Manesse, (1300/1340) Cod. Pal. germ.: Der Schulmeister von Esslingen © Andreas Praefcke (talk I contribs) Wikimedia Commons

Abb. 11: Transport von Pferden zu Schiff: Bildteppich von Bayeux 1070, © Vissarion (talk I contribs) Wikimedia Commons

Abb. 12: Rekonstruktion von Häusern in Haithabu heute © eigenAufnahme

Abb. 13: Ansgars Kreuz auf Björkö, © Per Ola Wiberg von Ekerö /Sweden Wikimedia Commons

Abb. 14: Magdeburger Reiter: Otto I. (Magdeburger Werkstatt 1240), © CC-BY www.guelcker.de

Abb. 15: St. Veits Dom auf der Prager Burg (Baubeginn: 1344), © eigene Aufnahme

Abb. 16: Investitur von Adalbert (Bronzetüren am Dom von Gnesen 1160-1180) © Joachim Schäfer, Ökum. Heiligenlexikon

Abb. 17: Kaiser Otto III., Buchmalerei aus dem Evangeliar Ottos III. © File Upload Bot (talk I contribs) Wikimedia Commons

Abb. 18: Boleslaw Chrobry, Marcello Baciarelli (19. Jh.) © Photo by Lestat (Jan Mehlich) Wikimedia Commons

Abb. 19: Adalberts Martyrium (Bronzetür am Dom von Gnesen 1160 – 1180), © Mariusz Cieszewski

Abb. 20: Heiliger Adalbert, Gebetsbildchen (19.Jh), © Foto Fine Arts in Hungary - KIRCHE in NOT- Deutschland, Tschechische Heilige

Abb. 21: Ansicht von Cluny zur Zeit Odilos (12.Jh.), © Hannes 72 Wikimedia Commons

Abb. 22: Cluny heute © Chafardon Wikimedia Commons

Abb. 23: Hl. Odilo in der Basilika des Hl. Urban von Troyes © Rotatebot (talk I contribs) Wikimedia Commons

Abb. 24: Heinrich, der Zänker, Miniatur aus dem Regelbuch von Niedermünster 11.Jh.: © Scanned by Szilas Wikimedia Commons

Abb. 25: Kaiser Heinrich II., Kopf der Gewändefigur vom Adamstor am Bamberger Münster 13.Jh. © Joachim Schäfer, Ökum. Heiligenlexikon

Abb. 26: Porträt der Hl. Kunigunde am Basler Münster 12. Jh. (restauriert), © Joachim Schäfer, Ökum. Heiligenlexikon

Abb. 27: Heilige Lanze (Wiener Schatzkammer) © Renè Hanke (GFDL) Wikimedia Commons

Abb. 28: Heinrich und Kunigunde werden von Christus gekrönt, Perikopenbuch Heinrich II. (11Jh.) © aus Anna Maria Cetto: *Mittelalterliche Miniaturen* Wikimedia Commons

Abb. 29: Doppelgrab des Kaiserpaares im Bamberger Dom 1513 Werkstatt Tilmann Riemenschneider © Scan aus *Tilman Riemenschneider* In: Klassiker der Kunst, München 1977

Abb. 30: Heinrich IV. (Chronik des Ekkehard von Aura 1112/14), © Trajan 117 Wikimedia Commons

Abb. 31: Bittgang Heinrichs des IV. aus der Handschrift Vita Mathildis des Donizo von Canossa © Scan aus Christoph Stiegemann, Matthias Wemhoff (Hrsg.): Canossa 1077. Erschütterung der Welt. München 2006

Abb. 32: Vertreibung des Papstes Gregor VII. und sein Tod. Jenenser Codex Bose: Miniaturen zur Chronik des Otto von Freising, © Joachim Schäfer, Ökum. Heiligenlexikon

Abbildungen der Titelheiligen

Bonifatius, Karl Rempp 1705, © Joachim Schäfer, Ökum. Heiligenlexikon

Ansgar, Friedrich Wilhelm Graupenstein ca.1865 © Staats - und Universitätsbibliothek Hamburg, Commons.Wikimedia.org

Adalbert, Michael und Ferdinand Brokoff 1709, Statue auf der Karlsbrücke in Prag © Joachim Schäfer, Ökum. Heiligenlexikon

Odilo von Cluny, Francesco Adriani 18. Jh © Pinacoteca Comunale Cesena (Wikipedia / CC-PD-Mark)

Heinrich II. zwischen zwei Bischöfen im Seeoner Pontifikale, lit 53, fol. 2v © Henry Mayr-Harting, Herrschaftsrepräsentation der ottonischen Familie, in: Matthias Puhle (Hrsg.): Otto der Große. Magdeburg und Europa

Gregor VII, Buchmalerei 11. Jh. © Joachim Schäfer, Ökum. Heiligenlexikon

Umschlagentwurf: Glasfenster der Karmelitenkirche in Wien Döbling; mit freundlicher Genehmigung des Priors Dr. Rathan Nicolas Almeida OCD

Danksagung

Für die unermüdliche Lektoren Arbeit an meinem Buch danke ich Eva Wienker-Salomon und Peter Nestler, der die Endredaktion und die formale Gestaltung des Textes übernommen hat, sowie Gerda Salomon, die das Layout des Buches gestaltete.

Wien, im Mai 2019

Dr. Irene Kohlberger ist 1946 in Niederösterreich geboren. Studium an der Universität Wien (Psychologie, Kunst-geschichte). Promotion zum Doktor der Philosophie. Vierjährige Lehranalyse nach der Methode der klassischen Psychoanalyse.

AHS-Lehrerin in Wien (röm.-kath. Religion / Philosophischer Einführungsunterricht) und Fachstudium an der Universität Wien (Röm.-Kath. Theologie / Philosophie, 1987 abgeschlossen). Derzeit schriftstellerisch tätig.

Kontakt: irene.kohlberger@gmx.at